Introduction

Cette grammaire espagnole a été conçue pour répondre aux besoins de ceux qui pratiquent et étudient l'espagnol. Du débutant à l'utilisateur plus avancé, elle permet d'acquérir et/ou de réviser les mécanismes de la langue espagnole.

Les règles essentielles sont clairement expliquées et illustrées de très nombreux exemples de la vie quotidienne. Un glossaire des termes grammaticaux de la page 9 à la page 16 permet de se repérer et de mieux comprendre les termes techniques employés.

Cette grammaire de poche, très vivante et représentative de l'espagnol d'aujourd'hui, est l'outil de référence idéal pour ceux qui recherchent un ouvrage pratique et accessible.

Préface

Cet ouvrage comporte deux parties :

La première partie, LES FONCTIONS DE LA LANGUE ESPAGNOLE, explique comment employer l'espagnol pour parler des choses et des actions, pour exprimer des conditions, des sentiments, etc. Cette liste de fonctions n'a pas la prétention d'être exhaustive, mais elle répertorie celles qui sont le plus susceptibles de poser des problèmes à l'étudiant français.

La deuxième partie, LES FORMES DE LA LANGUE ESPAGNOLE, explique la formation de tous les principaux éléments de la langue. Vous pourrez vous y référer pour vérifier la formation des temps ou toute forme inconnue rencontrée au fil de vos lectures.

Un effort considérable a été fait pour expliquer non seulement *comment* l'espagnol fonctionne dans différents contextes, mais aussi, et c'est là le plus important, les raisons pour lesquelles il en est ainsi. Il s'agit là d'un aspect primordial de cet ouvrage, parce que l'expérience a prouvé que l'acquisition d'une langue étrangère n'est pas tant une affaire d'apprentissage des règles que de compréhension des phénomènes.

Les étudiants en espagnol ont aussi tendance à reproduire certains types de fautes. Pour vous aider à éviter ces pièges, nous avons dans cet ouvrage indiqué par le symbole ⚠ les aspects de la langue espagnole qui sont la cause de fréquentes erreurs. Il s'agit là de points qui exigent une vigilance particulière.

Hugh O'Donnell

HARRAP'S GRAMMAIRE ESPAGNOLE

par

LEXUS

avec

Hugh O'Donnell

et

Marjory O'Donnell

HARRAP

Edition publiée en France 1989
par Chambers Harrap Publishers Ltd
7 Hopetoun Crescent, Edinburgh EH7 4AY
Grande-Bretagne

Edition d'un format plus grand,
publiée en 1997, également publiée séparément
en intégra en 1997 (ISBN 0245 50324 2)

ISBN 0245 50418 4

réimprimé 2001

Dépôt légal : février 1997

Printed and bound in Great Britain by
Omnia Books Limited, Glasgow

Table des Matières

Glossaire des Termes Grammaticaux

ABSTRAIT

Un nom abstrait est un nom qui ne désigne pas un objet physique concret ou une personne, mais une qualité ou un concept. *Bonheur, vie, longueur* sont des exemples de noms abstraits.

ACCORD

En espagnol, les adjectifs, les articles et les pronoms s'accordent en nombre et en genre avec le nom ou le pronom auquel ils se rapportent. Ceci signifie que leur terminaison change suivant le **nombre** du nom (singulier ou pluriel) et son **genre** (masculin ou féminin).

ACTIVE

La voix active d'un verbe correspond à la forme de base, par exemple *je la vois*. On l'oppose normalement à la voix passive du verbe, qui correspond à *elle est vue par moi*.

ADJECTIF

C'est un mot qui décrit un nom; parmi les adjectifs on distingue les adjectifs qualificatifs (*une **petite** maison*), les adjectifs démonstratifs (***cette** maison*), les adjectifs possessifs (***ma** maison*), *etc.*

ADJECTIF SUBSTANTIVE

Un adjectif substantivé est adjectif employé comme nom. Par exemple l'adjectif *jeune* peut aussi s'employer comme nom, comme dans *il y a beaucoup de jeunes ici.*

ADVERBE

Les adverbes accompagnent normalement un verbe pour ajouter une information supplémentaire en indiquant **comment** l'action est accomplie (adverbe de manière), **quand, où** et **avec quelle intensité** l'action est accomplie (adverbes de temps, de lieu et d'intensité) ou **dans quelle mesure** l'action est accomplie (adverbes de quantité). Certains adverbes peuvent s'employer avec un adjectif ou un autre adverbe (par exemple *une fille* **très** *mignonne*, **trop** *bien*).

APPOSITION

On dit qu'un mot ou une proposition est en apposition par rapport à un autre mot ou à une autre proposition, lorsque l'un ou l'autre est placé directement après le nom ou la proposition, sans y être relié par aucun mot (par exemple *M. Duclos*, **notre directeur**, *a téléphoné ce matin*).

ARTICLE DEFINI

L'article défini est *le, la, les* en français, et *el, la, los, las* en espagnol.

ARTICLE INDEFINI

L'article indéfini est *un, une* en français et *un, una* en espagnol.

AUGMENTATIF

On ajoute un augmentatif à un nom pour indiquer la grandeur ou le côté maladroit et laid. Par exemple *un hombrón, una mujerona*.

AUXILIAIRE

Les auxiliaires sont des verbes qui servent à former les temps composés d'autres verbes. Ainsi *avoir* et *être* sont des auxiliaires. Les principaux auxiliaires en espagnol sont *haber, estar* et *ser*.

CARDINAL

Aux nombres cardinaux comme *un, deux, quatorze*, on oppose les nombres **ordinaux** (*premier, deuxième*).

COLLECTIF

Un collectif est un nom qui désigne un groupe de gens ou de choses, mais qui est au singulier. Par exemple *clientèle* et *foule* sont des collectifs.

COMPARATIF

Le comparatif des adjectifs et des adverbes permet d'établir une comparaison entre deux personnes, deux choses ou deux actions. En français on emploie *plus...que, moins...que* et *aussi...que* pour exprimer une comparaison.

COMPLEMENT D'OBJET DIRECT

Groupe nominal ou pronom qui en français accompagne un verbe, sans préposition entre les deux, par exemple *j'ai rencontré* **un ami**.

COMPLEMENT D'OBJET INDIRECT

Groupe nominal ou pronom qui accompagne un verbe, séparé de ce dernier par une préposition, *je parle* **à mon ami**. Vous noterez qu'en français on omet souvent la préposition devant un pronom. Par exemple dans *je lui ai envoyé un cadeau, lui* est l'équivalent de *à lui* : c'est le complément d'objet indirect.

COMPOSE

Les temps composés sont des temps de verbes formées de plus d'un élément. En espagnol, les temps composés d'un verbe se forment avec **l'auxiliaire** et le **participe passé** ou le **participe présent** : *estoy hablando, han llegado*.

CONDITIONNEL

Ce mode s'emploie pour décrire ce qu'on ferait, ou pour décrire quelque chose qui se produirait si une condition était remplie (par exemple *je* **viendrais** *si j'étais en forme ; la chaise* **se serait cassée** *s'il s'était assis dessus*). Il indique aussi le futur dans le passé : *il a dit qu'il* **viendrait**.

CONJONCTION

Les conjonctions sont des mots qui relient deux mots ou deux propositions (*et, ou, mais*). On distingue les conjonctions de coordination, comme *y, o, pero* ; et les conjonctions de subordination comme *que, si, aunque*.

CONJUGAISON

La conjugaison d'un verbe est l'ensemble des différentes formes de ce verbe à des temps et à des modes déterminés.

DEMONSTRATIF

Les adjectifs démonstratifs (*ce, cette, ces,* etc.) et les pronoms (*celui-ci, celui-là,* etc.) s'emploient pour désigner une personne ou un objet bien précis.

DIMINUTIF

On ajoute un diminutif à un nom (parfois à un adjectif) pour indiquer que quelque chose ou quelqu'un est petit ou pour exprimer une attitude favorable du locuteur.

EXCLAMATION

Mots ou phrases employés pour exprimer une surprise, une joie ou un mécontentement, etc. (*quoi !, comment !, quelle chance !, ah non !*). Les points d'exclamation en espagnol sont à l'envers en tête de phrase, comme dans *¡caramba!* par exemple.

FAMILIER

Le langage familier est le langage courant qui s'emploie dans les conversations de tous les jours, mais on l'évite dans la correspondance officielle, les contrats ou lorsque l'on s'adresse à des supérieurs.

FEMININ

Voir GENRE.

GENRE

Le genre d'un nom indique s'il est **masculin** ou **féminin.** En espagnol, comme en français, le genre d'un nom n'est pas toujours déterminé par le sexe de la personne auquel il se rapporte, par exemple *la víctima (la victime)* est un nom féminin.

IDIOMATIQUE

Les expressions idiomatiques (ou idiomes), sont des expressions qui ne peuvent normalement pas se traduire mot à mot dans une autre langue. Par exemple *il pleut des cordes* se traduit en espagnol par *está lloviendo a cántaros.*

IMPERATIF

Un mode employé pour donner des ordres : *mange !,* faire une suggestion : *allons-y !,* ou interdire quelque chose : *n'y va pas !*

INDEFINI

Les pronoms et les adjectifs indéfinis sont des mots qui ne se rapportent pas à une personne précise ou à une chose définie (par exemple *chaque, quelqu'un,* etc.).

INDICATIF

Mode employé pour exprimer une réalité ou une question : *j'aime, tu viendras, nous avons essayé.* On l'oppose au subjonctif, au conditionnel et à l'impératif.

INFINITIF

L'infinitif est la forme du verbe que l'on trouve dans les dictionnaires. Ainsi *manger, finir, prendre* sont des infinitifs. En espagnol les infinitifs ont une terminaison en **-r** : *tomar, beber, vivir*.

INTERROGATIF

Les mots interrogatifs sont employés pour exprimer une **question.** Il peut s'agir d'une question directe (**quand** *arriveras-tu ?*) ou d'une question indirecte (*je ne sais pas* **quand** *il arrivera*). Voir QUESTION.

MASCULIN

Voir GENRE

MODE

Nom donné aux quatre classes dans lesquelles un verbe peut être conjugé. Voir INDICATIF, SUBJONCTIF, CONDITIONNEL et IMPERATIF.

NEUTRE

Il n'existe pas de noms neutres en espagnol. Seul l'article défini *lo*, le pronom *ello* et les pronoms démonstratifs *esto, eso* et *aquello* sont neutres. L'article *lo* est employé comme adjectif, par exemple *lo bueno* (ce qui est bon), les démonstratifs font référence à toute une situation, par exemple *no acepto eso*.

NOM

Mot servant à désigner une chose, un être animé, un lieu ou des idées abstraites. Par exemple *passeport, facteur, chat, magasin, vie*.

NOMBRE

Le nombre d'un nom indique si celui-ci est **singulier** ou **pluriel.** Un nom singulier fait référence à une seule chose ou une seule personne (*train, garçon*) et un nom pluriel à plusieurs (*trains, garçons*).

NOMS COMPOSES

Les noms composés sont des noms formés de deux mots séparés ou plus. En français *portefeuille, chou-fleur* sont des noms composés. Dans un nom composé espagnol tous les noms sont reliés par *de*, comme dans *un muro de piedra* par exemple.

OBJET DIRECT

Voir COMPLEMENT.

OBJET INDIRECT	Voir COMPLEMENT.
ORDINAL	Les nombres ordinaux sont *premier, deuxième, troisième, quatrième,* etc.
PARTICIPE PASSE	Le participe passé d'un verbe est la forme qui est employée avec l'auxiliaire **avoir** ou **être** en français dans la formation des temps composés : *j'ai* **dit**, *je suis* **parti**.
PARTICIPE PRESENT	Le participe présent est la forme du verbe se terminant en **-ant** en français (**-ando** ou **-iendo** en espagnol).
PASSE SIMPLE	Aussi appelé prétérit, par exemple *salió* (il sortit).
PASSIVE	Un verbe est à la voix passive lorsque le sujet n'accomplit pas l'action mais la subit. En français, le passif se forme avec le verbe **être** et le participe passé du verbe, par exemple, *il est aimé*.
PERSONNE	A tous les temps, il y a trois personnes au singulier (1ère : *je*..., 2ème : *tu*..., 3ème : *il/ elle*...), et trois au pluriel (1ère : *nous*..., 2ème : *vous*..., 3ème : *ils/elles*...). Voir aussi TERMINAISON.
PHRASE	Une phrase est un groupe de mots qui peut être composé d'une ou plusieurs propositions (voir PROPOSITION). La fin d'une phrase est indiquée par un point, un point d'exclamation ou d'interrogation.
PLURIEL	Voir NOMBRE.
POSSESSIF	Les adjectifs et les pronoms possessifs s'emploient pour indiquer la possession ou l'appartenance. Ce sont des mots comme *mon/le mien, ton/le tien, notre/le nôtre*, etc.
PREPOSITION	Les prépositions sont des mots comme *avec, dans, vers, à.* Ils sont normalement suivis d'un nom ou d'un pronom.
PROGRESSIVE	La forme progressive est formée de **estar + participe présent**, par exemple *estoy*

hablando, está escribiendo. Elle correspond à *être en train de* en français.

PRONOM

Un mot qui remplace un nom. Les principales catégories de pronoms sont les :

* **pronoms relatifs** (*qui, que*, etc.)

* **pronoms interrogatifs** (*qui ?, quoi ?, lequel ?*, etc.)

* **pronoms démonstratifs** (*celui-ci, celui-là*, etc.)

* **pronoms possessifs** (*le mien, le tien, le sien*, etc.)

* **pronoms personnels** (*tu, lui, nous*, etc.)

* **pronoms réfléchis** (*me, se*, etc.)

* **pronoms indéfinis** (*quelque chose, tout*, etc.)

PRONOMINAUX

Les verbes pronominaux sont des verbes accompagnés d'un pronom réfléchi (*me, te, se, nous, vous*) représentant le même être ou la même chose que le sujet. On distingue les verbes pronominaux réfléchis (voir REFLECHI), les verbes pronominaux non réfléchis (*s'envoler*) et les verbes pronominaux réciproques (*s'entraider*). Les verbes espagnols pronominaux s'emploient aussi avec un sens de passif.

PROPOSITION

Une proposition est un groupe de mots qui contient au moins un sujet et un verbe : *il dit* est une proposition. Des phrases peuvent être constituées de plusieurs propositions *il a dit / qu'il m'appellerait / s'il était libre.* Voir PHRASE

QUESTION

Il existe deux types de questions : les questions au style **direct**, qui sont des questions telles qu'elles sont dites (par exemple *quand viendra-t-il ?*) ; les questions au style **indirect**, qui sont introduites par une proposition et ne nécessitent pas de point d'interrogation (par exemple *je me demande quand il viendra*). Les questions au style direct commencent par un point d'interrogation à l'envers en espagnol, comme dans *¿qué haces?* par exemple.

RADICAL DU VERBE

Le radical du verbe est "l'unité du base" à laquelle on ajoute diverses terminaisons. Pour obtenir le radical d'un verbe espagnol, il suffit d'enlever la terminaison de l'infinitif **-ar**, **-er** ou **-ir**. Le radical de *hablar* est *habl*, le radical de *beber* est *beb*, et le radical de *vivir* est *viv*.

REFLECHI

Les verbes réfléchis "renvoient" l'action sur le sujet (par exemple *je me suis habillé*). Ils se composent toujours d'un pronom réfléchi.

SINGULIER

Voir NOMBRE.

SUBJONCTIF

Le subjonctif est un mode qui énonce un doute, comme dans : *il se peut qu'il vienne*. On l'emploie couramment en espagnol.

SUJET

Le sujet d'un verbe est un nom ou un pronom qui accomplit l'action. Dans les phrases *le train est parti tôt* et *elle a acheté un disque*, *le train* et *elle* sont sujets.

SUPERLATIF

C'est la forme d'un adjectif ou d'un adverbe qui, en français, se construit avec *le plus...*, *le moins...*.

TEMPS

On emploie les verbes à différents temps pour indiquer quand une action se produit, par exemple au présent, au passé, au futur.

TERMINAISON

La terminaison d'un verbe est déterminée par la personne (1ère, 2ème, 3ème), par le nombre (singulier/pluriel) de son sujet, et par le temps employé.

VERBE

Un mot qui désigne une action (*chanter, travailler, regarder*).

VOIX

Un verbe peut être à la voix ACTIVE ou à la voix PASSIVE.

Partie I
FONCTIONS

1 Pour Faire Référence aux Choses : le Nom

Le mot "chose" est utilisé ici non pas simplement pour faire référence aux objets *inanimés* (livres, maisons, voitures, etc.) mais aussi aux gens et aux animaux, c'est-à-dire aux êtres *animés*, et à ce que l'on appelle les noms abstraits. Les noms abstraits font référence non pas aux choses que l'on peut toucher ou voir, mais seulement aux idées que l'on peut avoir, par exemple la justice, la paix, la démocratie, etc.

A L'EMPLOI DES ARTICLES DEFINIS ET INDEFINIS

Voir pages 153-5 en ce qui concerne la formation des articles définis et indéfinis.

L'emploi des articles définis et indéfinis est très semblable en espagnol et en français. Cependant il y a des différences, surtout en ce qui concerne l'emploi de l'article partitif (qui n'existe pas en espagnol) et l'article neutre (qui n'existe pas en français).

Les termes traditionnels "article défini" ("le", "la", "les", "l'" en français) et "article indéfini" ("un", "une", "des" en français) sont, dans une certaine mesure, trompeurs car il n'est pas toujours vrai que l'article défini fait référence à un objet ou une idée spécifique tandis que l'article indéfini ne fait pas référence à un objet ou une idée spécifique. Par exemple, dans les phrases suivantes :

> **la casa es vieja**
> la maison est vieille

et

> **hemos comprado una casa en el campo**
> nous avons acheté une maison à la campagne

les deux noms font référence à une maison spécifique.

En outre, il faut en fait envisager *trois* cas différents:

> les cas dans lesquels le nom est employé avec un article défini
> les cas dans lesquels le nom est employé avec un article indéfini
> les cas dans lesquels le nom est employé sans aucun article

Comme vous le verrez plus loin, les noms *vraiment* indéfinis sont en fait employés sans aucun article en espagnol.

1 Les noms qui sont employés pour rendre compte de la totalité de la chose ou des choses auxquelles ils font référence (*tout* le beurre, *tout* le vin, *tous* les Espagnols, etc.) sont précédés de l'article défini en espagnol :

me gusta la cerveza, pero no me gusta el vino
j'aime la bière, mais je n'aime pas le vin

los españoles beben mucho vino
les Espagnols boivent beaucoup de vin

2 Les noms abstraits sont précédés de l'article défini en espagnol, puisqu'ils font aussi référence à l'idée dans son ensemble :

la justicia es necesaria si la democracia va a sobrevivir
la justice est nécessaire pour que la démocratie survive

la inflación está subiendo
l'inflation augmente

Si le nom abstrait est employé avec un adjectif, alors dans certains cas il peut être précédé de l'article indéfini :

me miró con una curiosidad creciente
il m'a regardé avec une curiosité croissante

3 Les noms de langues sont précédés de l'article défini :

el español es muy interesante, pero no me gusta el francés
l'espagnol est très intéressant, mais je n'aime pas le français

Cependant on n'emploie aucun article après **en, de** et les verbes **hablar** et **estudiar** :

¿hablas español?
est-ce que tu parles espagnol?

el libro está escrito en español
le livre est écrit en espagnol

estudio español
j'étudie l'espagnol

Si l'on fait référence à un exemple particulier de la langue, plutôt qu'à la langue dans son ensemble, on emploie l'article indéfini :

Jean-Luc habla un español excelente
Jean-Luc parle un espagnol excellent (l'espagnol qu'il parle est excellent)

4 La règle du paragraphe 3 s'applique aussi aux noms de disciplines scolaires :

no me gustan las matemáticas, prefiero la física
je n'aime pas les maths, je préfère la physique

mais on ne met pas d'article dans les cas suivants :

he comprado un libro de química
j'ai acheté un livre de chimie

estudia matemáticas
il/elle étudie les mathématiques

es licenciado en física
il a une licence de physique

5 Les maladies

Celles-ci prennent généralement l'article défini, sauf s'il s'agit d'un cas particulier, auquel cas on n'emploie pas d'article :

¿tiene algo contra la laringitis?
avez-vous quelque chose contre la laryngite ?

mais :
tengo laringitis
j'ai une laryngite

6 Les parties du corps prennent l'article défini, comme en français :

tiene el pelo castaño y los ojos verdes
elle a les cheveux bruns et les yeux verts

levantó la cabeza
il/elle a levé la tête

su madre le lavó la cara
sa mère lui a lavé le visage

Cependant, si la description souligne le fait que les yeux de la personne, etc. sont différents des yeux de toutes les autres personnes, etc., on emploie alors l'article indéfini :

tiene unos ojos azules que nadie puede resistir
elle a des yeux bleus auxquels personne ne peut résister

Lorsque la partie du corps est le sujet du verbe, on emploie normalement l'adjectif possessif :

sus ojos son azules como el mar
ses yeux sont bleus comme la mer

7   Avec les vêtements on emploie l'article défini :

se puso la chaqueta y salió
il/elle a mis sa veste el il/elle est sorti(e)

se quitó el sombrero
il/elle a enlevé son chapeau

8   Pour des raisons de style, on omet souvent l'article défini dans les listes de mots, même dans les cas où l'on s'attendrait à ce qu'il y en ait un :

necesitarás entusiasmo e interés
il te faudra de l'enthousiasme et de l'intérêt

B CAS DANS LESQUELS ON N'EMPLOIE AUCUN ARTICLE

1   Remarquez qu'il n'y a pas d'équivalent espagnol à l'article partitif français. On n'emploie aucun article lorsque l'on exprime des quantités indéfinies :

¿tienes mantequilla?   **siempre hay excepciones**
est-ce que tu as du beurre ?   il y a toujours des exceptions

no quiero vino, siempre bebo cerveza
je ne veux pas de vin, je bois toujours de la bière

buen número de personas no querían aceptar esto
bon nombre de personnes ne voulaient pas accepter ceci

parte/buena parte/gran parte del dinero se invirtió en el proyecto
une partie/une bonne part/une large part de l'argent a été investie dans le projet

tengo cantidad/infinidad de preguntas que hacerte
j'ai plein/une quantité de questions à te poser

2   Comme en français, on n'emploie pas d'article lorsque l'on parle de la profession ou des convictions politiques ou religieuses en général, etc :

mi padre es médico y mi tía es enfermera
mon père est médecin et ma tante est infirmière

ella es católica; él es comunista
elle est catholique; il est communiste

Cependant, si le nom est précisé grâce à l'emploi d'un adjectif, alors l'article indéfini est employé:

su padre es un cirujano conocido
son père est un chirurgien célèbre

Tous les chirurgiens ne sont pas célèbres.

3 On omet souvent (mais pas toujours) l'article dans une tournure négative ou une question :

¿tienes coche? – no, no tengo coche
est-ce que tu as une voiture ? – non, je n'ai pas de voiture

Là encore on ne fait référence à aucune voiture en particulier. Si on voulait faire référence à une voiture en particulier, on emploierait l'article indéfini :

¿tienes un coche rojo?
est-ce que tu as une voiture rouge ?

4 On omet l'article lorsque le nom est employé avec certains adjectifs (peu nombreux). Ces adjectifs sont **otro** (autre), **tal**, **semejante**, et **parecido** (qui signifient tous "tel") et **cierto** (certain) :

¿me das otro libro, por favor?
tu me donnes un autre livre, s'il te plaît? (n'importe quel autre livre *indéfini*)

semejante situación nunca se había producido antes
une telle situation ne s'était jamais présentée auparavant (une situation de ce type, en général)

estoy de acuerdo contigo hasta cierto punto
je suis d'accord avec toi jusqu'à un certain point (un point *indéfini*)

5 On omet l'article après **qué** et **vaya** dans des exclamations comme celles qui suivent :

¡qué lástima!   **¡vaya sorpresa!**
quel dommage !   quelle surprise !

¡vaya paliza!
que c'est rasoir !

Remarquez que tout adjectif employé dans le genre d'exclamation suivante est toujours précédé de **tan** ou **más** :

¡qué día más magnífico!
quelle journée magnifique !

más n'est pas considéré ici comme un comparatif (voir pages 42-4) et ne devient pas **mejor** ou **peor** lorsqu'il est employé avec **bueno** ou **malo** :

¡qué idea más buena!
quelle bonne idée !

6   On omet l'article après **como** dans les expressions comme celles qui suivent :

te hablo como amigo
je te parle comme un ami

Je te parle non pas comme un ami en particulier mais comme n'importe quel ami le ferait.

mándenos diez cajas como pedido de prueba
envoyez-nous dix boîtes à titre d'essai

Comparez cette phrase avec la phrase suivante :

ya hemos recibido un pedido de prueba de esa empresa
nous avons déjà reçu de cette société une commande à titre d'essai

On fait ici référence à une commande à titre d'essai en particulier.

7   On omet l'article avec les noms placés en apposition :

vive en Madrid, capital de España
il vit à Madrid, la capitale de l'Espagne

C LES NOMS DE PERSONNES, DE PAYS, ETC.

Un nom propre est toujours le nom d'une personne, d'un pays, d'un continent, d'une organisation, etc. La plupart des noms propres, y compris presque tous les noms féminins de pays, ne prennent pas d'article en espagnol (voir page 154 la liste des noms de pays qui prennent l'article) :

Alemania es un país mucho más rico que España
l'Allemagne est un pays beaucoup plus riche que l'Espagne

Cependant, on emploie l'article dans les cas suivants :

1   Lorsque le nom d'une personne est précédé d'un titre :

el señor Carballo no estaba
monsieur Carballo n'était pas là

el general Olmeda ya se había marchado
le général Olmeda était déjà parti

Les exceptions à cette règle sont les suivantes :

- les titres **don** et **doña**
- lorsque le titre est employé au discours direct
- les titres étrangers

¿qué piensa de esto, señor Carballo?
que pensez-vous de ceci, monsieur Carballo ?

Lord Byron era un poeta inglés muy conocido
Lord Byron était un poète anglais très célèbre

2 Lorsque le nom est employé avec un adjectif :

el pobre Juan no sabía qué hacer
le pauvre Juan ne savait pas quoi faire

esto ha ocurrido muchas veces en la historia de la Europa occidental
ceci s'est produit à maintes reprises dans l'histoire de l'Europe occidentale

Cependant, **Gran Bretaña** et **Estados Unidos** sont maintenant considérés comme des noms propres à part entière et ne prennent donc plus l'article défini :

Gran Bretaña votó en contra de la propuesta
la Grande-Bretagne a voté contre la proposition

3 *Les sigles*

Un sigle est un nom formé des initiales d'une série de mots. Les sigles sont d'un emploi très fréquent. A l'exception de certains noms de partis politiques, les **sigles** sont toujours précédés de l'article défini et leur genre est déterminé par le genre du premier nom de la forme en toutes lettres.

Voici quelques sigles couramment employés :

la CEE	La Comunidad Económica Europea	la CEE
la OTAN	La Organización del Tratado del Atlántico Norte	l'OTAN
el INI	El Instituto Nacional de Industria	département chargé des industries nationalisées

el INEM	El Instituto Nacional de Empleo	département du travail
el PSOE	El Partido Socialista Obrero Español	le parti socialiste
AP	Alianza Popular	parti conservateur
el SIDA	El Síndrome de Inmuno-Deficiencia Adquirida	le SIDA
el IVA	El Impuesto sobre el Valor Añadido	la TVA
el PVP	El Precio de Venta al Público	le prix de vente au détail

España ingresó en la CEE en 1986
l'Espagne est entrée dans la CEE en 1986

D L'ARTICLE NEUTRE *lo*

1 *Les noms abstraits*

L'article neutre **lo** s'emploie presque exclusivement avec les adjectifs et les adverbes. Lorsqu'il est employé avec un adjectif, il transforme celui-ci en nom abstrait sans en modifier le sens. Par exemple **lo bueno** signifie "ce qui est bon". La traduction de ces "noms" varie en fonction du contexte dans lequel ils sont employés :

lo esencial es que todos estemos de acuerdo
l'essentiel est que nous soyons tous d'accord

lo verdaderamente importante es que todos lo acepten
ce qui est vraiment important, c'est que tout le monde l'accepte

lo más absurdo es que él no sabía nada
le plus absurde, c'est qu'il ne savait rien

2 *"combien", "à quel point"*

lo + adjectif exprime l'idée de "combien" ou " à quel point" dans les constructions comme celles qui suivent. Remarquez que dans ces constructions, l'adjectif s'accorde avec le nom qu'il qualifie. S'il n'y a pas de nom, on emploie la forme neutre :

no me había dado cuenta de lo caras que son
je n'avais pas réalisé combien elles sont chères

¿no ves lo inútil que es?
ne vois-tu pas à quel point c'est inutile ?

E L'EMPLOI DU VERBE EN TANT QUE NOM

Un nom verbal est un verbe employé comme sujet ou complément d'objet d'un autre verbe. Comme en français on emploie *l'infinitif* pour exprimer le nom verbal. Lorsqu'il est sujet d'un verbe, l'infinitif est parfois précédé de l'article défini **el**, bien qu'il soit plus courant d'employer l'infinitif seul :

fumar es peligroso para la salud
fumer est dangereux pour la santé

detesto tener que hacer eso
je déteste devoir faire cela

se sintió mejor después de dormir un rato
il/elle s'est senti(e) mieux après avoir dormi

F SITUER QUELQUE CHOSE DANS L'ESPACE OU DANS LE TEMPS

Ce sont les pronoms et adjectifs démonstratifs qui remplissent cette fonction en espagnol (voir page 156). La différence entre les trois adjectifs démonstratifs en espagnol est la suivante:

1 *Pour marquer la notion de lieu*

este : fait référence à quelque chose qui se trouve près du locuteur

ese : fait référence à quelque chose qui se trouve près de la personne à laquelle le locuteur s'adresse

aquel : fait référence à quelque chose qui est éloigné du locuteur et de la personne à laquelle il ou elle s'adresse

¿me das ese libro?
tu me donnes ce livre-là (c'est-à-dire celui qui se trouve près de toi)

tomo esta caja
je prends cette boîte-ci (c'est-à-dire celle que j'ai à la main, celle que je montre du doigt, etc.)

aquellas flores son muy hermosas
ces fleurs (-là) sont très belles (celles qui sont là-bas)

2 Lorsqu'ils sont employés pour marquer la notion de temps

On emploie **este** si le *nom* fait référence au présent :

esta semana fuimos a la playa
nous sommes allé(e)s à la plage cette semaine

On emploie **ese** et **aquel** pour faire référence au passé, et il y a peu de différence entre ces deux adjectifs, si ce n'est le fait que **aquel** puisse suggérer que l'action a eu lieu à une époque plus reculée :

en esa época no se permitían los partidos políticos
à cette époque-là, les partis politiques étaient interdits

en aquella época la población de Madrid era de sólo un millón de personas
en ce temps-là, la population de Madrid ne s'élevait qu'à un million d'habitants

3 *"celui qui", "celui de"*

Remarquez que "ceux qui" se traduit en espagnol par **los que** ou **las que**. Les démonstratifs ne sont pas employés ici :

los que piensan eso se equivocan
ceux qui pensent cela ont tort

De même, on traduit "celui de", "celle de", "ceux de", "celles de" par **el de**, **la de**, **los de**, **las de**. **el** se contracte de la même façon que lorsqu'il est employé comme article défini : **a + el** devient **al** et **de + el** devient **del** (voir page 154) :

preferimos las mercancías de Vds. a las de sus competidores
nous préférons vos marchandises à celles de vos concurrents

prefiero el coche de Luis al de Paco
je préfère la voiture de Luis à celle de Paco

4 *Les pronoms démonstratifs*

Voir page 156 la formation des pronoms démonstratifs.

Les pronoms démonstratifs marquent la notion de lieu et de temps de la même façon que les adjectifs démonstratifs. Remarquez cependant l'emploi de **aquél** et **éste** pour traduire "le premier... le/ ce dernier", "celui-là...celui-ci" :

éste es más difícil que aquél
celui-ci est plus difficile que celui-là

On emploie les pronoms démonstratifs neutres **esto**, **eso** et **aquello** pour parler d'un objet inconnu d'une situation générale, d'une idée dans son ensemble.

⚠ **On ne les emploie jamais à la place d'un nom spécifique quand le locuteur sait à quel objet ce nom fait référence :**

¿qué es esto?
qu'est-ce que c'est que cela ? (objet inconnu)

no puedo aceptar esto
je ne peux accepter cela (cette situation)

Comparez ce qui précède avec :

no puedo aceptar esta situación
je ne peux accepter cette situation

G POUR RELIER LES NOMS

Une liste des conjonctions de coordination est donnée page 242.

1 La manière la plus simple de relier les noms consiste à employer les conjonctions **y** (et) et **o** (ou). Remarquez que **y** est remplacé par **e** si la prononciation du mot suivant commence par la voyelle **i**. C'est la prononciation et non pas l'orthographe du mot qui importe :

padres e hijos   parents et enfants

De même **o** est remplacé par **u** si le mot suivant commence par le son **o** :

siete u ocho   sept ou huit

Dans la presse espagnole **o** est souvent écrit **ó** lorsqu'il relie des chiffres afin d'éviter toute confusion avec le chiffre **0** :

60 ó 70   60 ou 70

2 *La traduction de "les deux", "tous les deux"*

Lorsque "les deux", etc. est suivi d'un seul nom au pluriel, on emploie **los dos** ou **las dos** suivant le genre du nom. Dans un niveau de langue plus soutenu, on peut employer l'adjectif **ambos** :

los dos hermanos vinieron/ambos hermanos vinieron
les deux frères sont venus

comí las dos
je les ai mangés tous les deux

Remarquez qu'on ne traduit jamais le mot "tous", etc.

2 Les Relations Entre les Choses

A LES PREPOSITIONS

La manière la plus courante d'exprimer les relations entre les noms consiste à employer des prépositions. Voir pages 167-77 pour une liste détaillée des prépositions simples et composées. Cependant, les prépositions suivantes méritent une mention spéciale :

por et *para*

Outre leurs autres significations, **por** et **para** peuvent être utilisés pour exprimer la notion de "pour" en espagnol. Leurs emplois et leurs significations peuvent être résumés de la façon suivante :

Signifiant "pour"

1   De façon générale, on peut dire que **por** fait référence à la *cause*, tandis que **para** fait référence aux *buts* et aux *objectifs*.

Les brefs exemples suivants, qui signifient tous les deux "je le fais pour mon frère" permettront sans doute de préciser la différence :

lo hago por mi hermano

Dans cet exemple, on insiste sur ce qui a amené le locuteur à faire l'action, à savoir soit le fait que son frère a demandé que cela soit fait, soit le fait que son frère avait besoin d'aide d'une manière ou d'une autre.

lo hago para mi hermano

para indique ici que l'action est faite afin d'assurer un avantage pour le frère dans l'avenir.

De même la question **¿por qué hiciste esto?** demande une explication quant à ce qui a provoqué l'action, tandis que la question **¿para qué hiciste esto?** demande une explication concernant les objectifs futurs.

Autres exemples mettant en évidence la différence centre **por** et **para** (remarquez que, bien que les notions de base restent les mêmes, **pour** n'est pas nécessairement la meilleure traduction en français) :

lo hice por necesidad
je l'ai fait par nécessité

cometió el error por cansancio
il/elle a fait cette erreur à cause de la fatigue

lo dejaron para otro día
ils/elles ont laissé cela pour un autre jour

estamos estudiando para un examen
nous étudions en vue d'un examen

2 On utilise toujours **por** pour exprimer une idée d'échange :

pagué diez mil pesetas por esta radio
j'ai payé dix mille pesetas pour cette radio

voy a cambiar este libro por otro
je vais échanger ce livre contre un autre

3 Pour exprimer l'idée de "en ce qui concerne" on utilise **para** :

este libro es demasiado dificil para mí
ce livre est trop difficile pour moi

tal situación sería inaceptable para España
une telle situation serait inacceptable pour l'Espagne

Signifiant "par"

Pour introduire la personne ou la chose (l'agent) par laquelle l'action a été faite (voix passive) on utilise toujours **por** :

el edificio fue inaugurado por el rey Juan Carlos
l'édifice a été inauguré par le roi Juan Carlos

Signifiant "d'ici, avant"

Pour faire référence à un délai on emploie **para** :

necesitamos las mercancías para finales de octubre
il nous faut les marchandises d'ici fin octobre

a et *en*

De façon générale **a** indique un mouvement *vers* une chose ou un lieu, tandis qu'**en** indique l'emplacement *dans* ou *sur* une chose ou un endroit. La différence est généralement claire en français, mais des difficultés peuvent se présenter lorsqu'il s'agit de traduire la préposition "à" :

> **voy a París**
> je vais à Paris

> **tengo que encontrar a Juan en París**
> je dois voir Juan à Paris

> **Juan está en casa**
> Juan est à la maison

> **vi este ordenador en la feria de muestras**
> j'ai vu cet ordinateur à l'exposition

Voir p.154 les formes contractées.

antes de, delante de, antes

1   **antes de** fait généralement référence à la notion de temps :

> **llegamos antes de medianoche**
> nous sommes arrivé(e)s avant minuit

Dans l'espagnol de tous les jours, **antes de** peut faire référence au lieu, bien que l'idée de "avant d'arriver à" soit généralement sous-entendue :

> **la iglesia está antes del cruce**
> l'église est avant le carrefour

2   **delante de** fait référence à l'emplacement :

> **el buzón está delante de Correos**
> la boîte à lettres est devant la poste

3   **ante** fait référence à la position du point de vue psychologique et est généralement utilisé avec des noms exprimant une notion abstraite. **ante** exprime approximativement la même idée que "devant" utilisé dans ce contexte en français, ou que l'expression "face à" :

> **el gobierno no sabía cómo reaccionar ante este problema**
> le gouvernement ne savait pas comment réagir face à/devant ce problème

Il existe quelques expressions toutes faites dans lesquelles **ante** peut faire référence à l'emplacement, mais celles-ci sont très peu nombreuses et font souvent référence à un contexte légal :

compareció ante el juez
il/elle a comparu devant le juge

B LA POSSESSION

Voir pages 157-8 en ce qui concerne la formation des adjectifs et pronoms possessifs.

1 Les adjectifs possessifs placés devant le nom

Les adjectifs possessifs placés devant le nom sont de loin les plus courants

⚠️ **Il est important de remarquer que, comme tous les autres adjectifs, l'adjectif possessif s'accorde en genre et en nombre avec le nom qu'il décrit. Le "possesseur" des choses décrites n'a aucune importance ici :**

¿dónde están nuestras maletas?
où sont nos valises?

nuestras est au féminin pluriel parce que **maletas** est un nom féminin au pluriel. Le possesseur (nous) pourrait être féminin ou masculin :

los chicos hablaban con su abuelo
les garçons parlaient à leur grand-père

las chicas ayudaban a su madre
les filles aidaient leur mère

su est singulier parce que **abuelo** et **madre** sont singulier. Le fait qu'il y ait plusieurs filles ou plusieurs garçons n'y change rien.

2 L'adjectif possessif placé après le nom

En espagnol moderne, les formes fortes de l'adjectif possessif sont, sauf dans de rares exceptions, réservées aux formes du discours direct ou servent à exprimer l'idée du "un de mes...". "un de tes...", etc. :

esto no es posible, amigo mío
ce n'est pas possible, mon ami

unos amigos míos vinieron a verme
quelques-uns de mes amis sont venus me voir

3 *Les pronoms possessifs*

Pour la formation des pronoms possessifs, voir page 158.

Les pronoms possessifs prennent l'article défini sauf s'ils sont employés avec le verbe **ser** :

¿quieres el mío?
tu veux le mien ?

esta radio no es tuya, es nuestra
cette radio n'est pas à toi, elle est à nous

su casa es mucho más grande que la mía
sa maison est beaucoup plus grande que la mienne

4 *Les cas pouvant prêter à confusion*

Dans certains cas, l'emploi de la forme **su** et du pronom **suyo** peut prêter à confusion. Ces formes peuvent signifier "son", "sa", "leur", "votre", "le sien", "le leur", "le vôtre", etc. Dans la plupart des cas, le contexte indique clairement le sens. Cependant s'il existe un risque de confusion, on peut remplacer **su** et **suyo** par l'une des formes suivantes :

son, sa, à lui, le/la sien(ne)	**de él**
son, sa, à elle, le/la sien(ne)	**de ella**
votre, vos, le(s) vôtre(s) (sing.)	**de Vd.**
leur, le/la leur	**de ellos, de ellas**
votre, vos, le(s) vôtre(s) (pluriel)	**de Vds.**

María no ha perdido su propia maleta, ha perdido la de ellos
María n'a pas perdu sa propre valise, elle a perdu la leur

¿es de ella este coche?
est-ce que cette voiture est à elle ?

5 *La possession en général*

La possession est exprimée de plusieurs manières, la plus courante étant l'emploi de la préposition **de** :

el amigo de mi padre
l'ami de mon père

Remarquez que **de + el** devient **del** :

el primo del amigo del profesor
le cousin de l'ami du professeur

Mais les autres formes (**de los**, etc.) ne se contractent pas.

6   *La traduction de "à qui...?"*

"à qui...?" se traduit en espagnol par **¿de quién...?** quand il y a un seul possesseur et par **¿de quiénes...?** quand il y a plus d'un possesseur :

¿de quién es este lápiz?   **¿de quiénes es este coche?**
à qui est ce crayon ?   à qui est cette voiture ?

7   *La traduction de "dont"*

dont se traduit en espagnol par l'adjectif **cuyo** qui comme tout adjectif s'accorde avec le nom auquel il se rapporte (et non pas avec le possesseur) :

el hombre cuya ventana rompieron está furioso
l'homme dont ils ont cassé la fenêtre est furieux

cuya s'accorde ici avec **ventana** et non pas avec **hombre**

la mujer cuyos hijos se fueron
la femme dont les enfants sont partis

8   *Le verbe* **pertenecer**

La possession d'objets peut parfois être exprimée par l'emploi du verbe **pertenecer** (appartenir). Cependant, c'est là un emploi correspondant à un niveau de langue plutôt soutenu et beaucoup moins courant que l'emploi de **de** :

¿a quién pertenece esto? – pertenece al profesor
à qui est/appartient ceci ? – c'est au professeur

Le sens le plus courant de **pertenecer** est "appartenir" dans le sens de "être membre de" :

pertenece al partido socialista
il/elle appartient au parti socialiste

9   *Pour les parties du corps et les vêtements*

⚠ **En espagnol, lorsqu'ils sont complément d'objet, les vêtements, comme les parties du corps, sont précédés de l'article défini, et non pas de l'adjectif possessif. Le possesseur est souvent indiqué par le pronom complément d'objet indirect :**

se puso el sombrero   **su madre le lavó la cara**
il/elle a mis son chapeau   sa mère lui a lavé le visage

se quitó el abrigo	**se quemó la mano**
il/elle a enlevé son manteau	il/elle s'est brûlé la main

C LES NOMS COMPOSES

Un nom composé consiste en un groupe de noms, juxtaposés pour exprimer une idée plus complexe, par exemple : table de nuit, coupe-ongles.

1 *En utilisant* **de**

En espagnol les éléments d'un nom composé sont généralement reliés par une préposition, **de** dans la plupart des cas :

una pared de piedra
un mur de pierre

un portavoz del ministerio de energía
un porte-parole du ministère de l'énergie

Remarquez que le genre du nom composé en espagnol est le même que le genre du premier nom :

un sombrero de paja nuevo
un chapeau de paille neuf

(**nuevo** s'accorde avec **sombrero** et non pas avec **paja**)

2 *Autres noms composés*

Récemment, un certain nombre de noms composés dépourvus de préposition ont fait leur apparition dans la langue espagnole. Les deux noms sont simplement juxtaposés ou reliés par un trait d'union. Ces noms prennent le genre du premier nom et on forme leur pluriel en mettant le premier nom au pluriel :

un coche-bomba	**coches-bomba**
une voiture piégée	des voitures piégées
la fecha límite	**fechas límite**
la date limite	les dates limites
un retrato robot	**retratos robot**
un portrait-robot	des portraits-robots

Soyez prudents lorsque vous inventez des noms composés de ce genre. N'utilisez que ceux que vous avez déjà rencontrés. Dans le doute, utilisez toujours la construction avec **de** décrite ci-dessus.

3 Pour Décrire les Choses

A LES AUGMENTATIFS ET LES DIMINUTIFS

En ce qui concerne la formation des augmentatifs et des diminutifs, voir pages 159-60.

Une caractéristique particulière de l'espagnol consiste à suggérer une nouvelle manière de considérer quelque chose en ajoutant un augmentatif ou un diminutif à la fin du nom. Les augmentatifs, tout comme les diminutifs, peuvent revêtir une signification simplement physique ou introduire des éléments plus subjectifs dans la manière dont le nom est présenté.

Les augmentatifs et les diminutifs exigent une certaine circonspection en espagnol et l'étudiant doit être vigilant lorsqu'il utilise au hasard des augmentatifs ou des diminutifs de sa propre invention. N'utilisez que ceux dont la connotation vous est familière.

Les diminutifs

Les diminutifs sont très utilisés en espagnol parlé, mais sont nettement moins courants dans la langue écrite soutenue, dans laquelle leur emploi serait souvent déplacé. Ils peuvent exprimer la taille, mais plus souvent ils suggèrent une attitude favorable ou défavorable du locuteur à l'égard de ce qu'il décrit. Il n'existe bien souvent pas de traduction directe pour un diminutif employé ainsi.

1 *Taille*

un momentito, por favor
un petit instant, s'il vous plaît

había una mesita en el rincón
il y avait une petite table dans le coin

2 *Attitude favorable*

Ceci est principalement exprimé par le diminutif **-ito** qui est le diminutif le plus courant :

me miraba con la carita cubierta de lágrimas
il me regardait, le visage couvert de larmes

"hola", me dijo con su vocecita encantadora
"bonjour", m'a-t-elle dit de sa petite voix charmante

3 *Attitude défavorable*

Ceci est exprimé par le diminutif **-uelo** qui est relativement rare :

pasamos por dos o tres aldehuelas sin interés
nous avons traversé deux ou trois petits bleds sans intérêt

Les augmentatifs

Les augmentatifs indiquent principalement la taille, bien que parfois l'idée de maladresse ou même de laideur puisse être sous-entendue :

llegó un hombrón y se puso a trabajar
un grand gars est arrivé et s'est mis au travail

un hombrote, un hombrazo, un hombracho
une grosse brute

une mujerona
une femme hommasse

Certains augmentatifs ou diminutifs sont maintenant devenus des mots à part entière et ont perdu les connotations évoquées ci-dessus :

el sillón	le fauteuil
la tesina	le mémoire
el gatillo	la gâchette

B L'ADJECTIF

1   Accord

En ce qui concerne la formation du féminin et du pluriel des adjectifs, voir pages 162-3.

Comme en français, tous les adjectifs en espagnol doivent s'accorder à la fois en genre et en nombre avec le nom qu'ils décrivent :

las paredes eran blancas, y el suelo era blanco también
les murs étaient blancs et le sol était blanc également

Si un seul adjectif se rapport à plusieurs noms, certain masculins, d'autres féminins, celui-ci prend la marque du masculin (comme en français) :

las paredes y el suelo eran blancos
les murs et le sol étaient blancs

Si un nom pluriel est suivi d'une série d'adjectifs, chacun d'entre eux se rapportant à une seule des choses auxquelles le nom fait référence, chaque adjectif peut prendre la forme du singulier :

los partidos socialista y comunista votaron en contra de la ley
les partis socialiste et communiste ont voté contre la loi

2   Les listes d'adjectifs

Plusieurs adjectifs peuvent être utilisés pour décrire le même nom. Les adjectifs considérés comme étant les plus importants doivent être placés le plus près du nom, comme en français :

un diputado socialista español conocido
un député socialiste espagnol célèbre

la política agraria común europea
la politique agricole commune européenne

3   La place de l'adjectif

Bien que la plupart des adjectifs soient généralement placés après le nom (voir pages 161-2), ils peuvent être placés avant le nom dans une forme emphatique. C'est là une possibilité largement utilisée en espagnol écrit contemporain mais moins courante dans la langue parlée :

este equipo da una fiel reproducción del sonido original
ce matériel fournit une reproduction fidèle du son original

Il s'agit vraiment là d'un effet stylistique à utiliser avec circonspection, à moins d'avoir déjà rencontré l'exemple spécifique que vous souhaitez utiliser.

C LES ADJECTIFS INDEFINIS

Pour les formes de **alguno** et **cualquiera,** voir page 161.

1 alguno

Au singulier, l'adjectif **alguno** signifie "quelque" dans le sens de quelconque :

> **compró el libro en alguna librería**
> il/elle a acheté le livre dans une librairie quelconque

Au pluriel, il signifie simplement "quelques". Dans ce cas, il peut être remplacé, sans changer le sens de la phrase, par la forme appropriée de **unos/unas** :

> **vinieron algunos/unos hombres y se pusieron a trabajar**
> quelques hommes sont venus et se sont mis au travail

2 cualquier(a)

a) *comme adjectif – cualquier*

Employé comme adjectif, il exprime la même idée que "n'importe quel (s)/quelle(s)". Notez qu'il n'y a qu'une seule forme du singulier - **cualquier** - et une seule forme du pluriel - **cualesquiera,** d'un emploi très rare par ailleurs :

> **puedes utilizar cualquier máquina**
> tu peux utiliser n'importe quelle machine

> **cualquier mecánico puede hacerlo**
> n'importe quel mécanicien peut le faire

b) *comme pronom – cualquiera*

Employé comme pronom, il exprime la même idée que "n'importe lequel/laquelle/lesquels/lesquelles". Dans ce cas, la forme du singulier est toujours **cualquiera** et la forme du pluriel demeure **cualesquiera** :

> **¿cuál de los libros quieres? – cualquiera**
> quel livre veux-tu ? – n'importe lequel

¿qué falda vas a comprar? – cualquiera
quelle jupe est-ce que tu vas acheter ? – n'importe laquelle

¿qué flores quieres? – cualesquiera
quelles fleurs est-ce que tu veux ? – n'importe lesquelles

D POUR MODIFIER LA FORCE D'UN ADJECTIF

1 *Les diminutifs et les augmentatifs*

Il est possible d'ajouter à certains adjectifs des diminutifs et, dans un petit nombre de cas, des augmentatifs. Les connotations que l'on fait intervenir ainsi sont les mêmes que pour les noms. C'est là une caractéristique qui requiert une vigilance très particulière. N'utilisez que ceux dont vous connaissez l'existence et qui vous sont familiers :

el agua está calentita
l'eau est bien chaude

¡qué tontita eres !
quelle sotte tu fais !

el niño está muy grandón
l'enfant est très grand (pour son âge)

2 *Les adverbes*

Un grand nombre d'adverbes peuvent être utilisés pour modifier la force d'un adjectif. En ce qui concerne la formation des adverbes, voir pages 184-9. Une liste des adverbes d'intensité est donnée page 188.

Tout adjectif ainsi modifié par un adverbe doit suivre le nom, même si la forme simple précède normalement le nom :

me dió un libro sumamente interesante
il m'a donné un livre extrêmement intéressant

⚠ **Il est primordial de se souvenir que les adverbes sont invariables, autrement dit que leur forme ne change jamais quels que soient le genre et le nombre des adjectifs qu'ils modifient :**

la casa era demasiado pequeña
la maison était trop petite

3 *Pour augmenter la force d'un adjectif*

encuentro todo esto muy aburrido
je trouve tout cela très ennuyeux

muy ne peut pas être utilisé seul. S'il n'est suivi par aucun adjectif, il est remplacé par **mucho**. Dans ce cas, **mucho** est utilisé en tant qu'adverbe et sa forme ne change jamais :

¿encontraste interesante la revista? – sí, mucho
tu as trouvé le magazine intéressant ? – oui, très

este libro es sumamente (*ou* **extremamente** *ou*
extremadamente) **interesante**
ce livre est extrêmement intéressant

4 *Pour diminuer la force de l'adjectif*

L'adverbe **poco** est utilisé pour diminuer la force de l'adjectif ou même lui donner une signification opposée :

me parece poco probable que venga
il me semble peu probable qu'il/elle vienne

⚠ **poco ne doit pas être confondu avec *un poco*, qui veut dire "un peu". *la sopa está poco caliente* (la soupe n'est pas très chaude) ne veut évidemment pas dire la même chose que *la sopa está un poco caliente* (la soupe est un peu chaude).**

E POUR COMPARER LES CHOSES : LA FORME COMPARATIVE

En ce qui concerne la formation des tournures comparatives, voir pages 164-5.

La comparaison simple

1 *La comparaison d'égalité (une chose est aussi bonne, aussi intéressante, etc. qu'une autre)*

Si la comparaison est fondée sur un adjectif, elle est exprimée par **tan** + adjectif + **como** :

Juan es tan alto como su hermana
Juan est aussi grand que sa sœur

Luisa no es tan trabajadora como su hermana
Luisa n'est pas aussi travailleuse que sa sœur

Si la comparaison est fondée sur un nom (c'est-à-dire que c'est une comparaison de quantité - "autant que"), elle est exprimée par **tanto** + nom + **como**. Ici **tanto** est utilisé en tant qu'adjectif et donc s'accorde avec le nom :

yo tengo tantos discos como tú
j'ai autant de disques que toi

2 *La comparaison de supériorité (une chose est meilleure, plus longue, etc. qu'une autre)*

Lorsque la comparaison repose sur un adjectif, la construction **más** + adjectif + **que** est utilisée (voir page 164 pour les comparatifs irréguliers) :

María es más inteligente que su hermano
María est plus intelligente que son frère

Pour une comparaison de quantité, on emploie la construction **más** + nom + **que** :

ellos tienen más dinero que nosotros
ils ont plus d'argent que nous

Pour une comparaison avec un nombre ou un montant spécifique, on emploie **de** à la place de **que** :

vinieron más de cien personas
plus de cent personnes sont venues

esperamos más de media hora
nous avons attendu plus d'une demi-heure

3 *La comparaison d'infériorité (une chose est moins bonne, moins intéressante, etc. qu'une autre)*

La comparaison d'infériorité est exprimée par **menos**. Elle se construit sur le même modèle que la comparaison de supériorité :

esta revista es menos interesante que aquélla
ce magazine-ci est moins intéressant que ce magazine-là

pagué menos de mil pesetas
j'ai payé moins de mille pesetas

4 Remarquez l'emploi des négatifs, **nunca, nadie, nada** dans les tournures comparatives indéfinies en espagnol :

la situación es más grave que nunca
la situation est plus grave que jamais

él sabe más que nadie
il en sait plus que personne

estar contigo me gusta más que nada
ce que j'aime le plus au monde, c'est d'être avec toi

Si la comparaison se fait par rapport à une chose ou une personne
en particulier, on utilise l'adjectif indéfini **cualquiera** (voir page
39) :

Isabel es más inteligente que cualquier otro estudiante
Isabel est plus intelligente que n'importe quel autre étudiant

La comparaison avec une proposition

Lorsque le deuxième membre de la comparaison n'est pas un nom,
mais une proposition, **que** est remplacé par des formes plus complexes.

1 *La comparaison reposant sur un adjectif*

Lorsque la comparaison repose sur un adjectif, la proposition est
introduite par **de lo que** :

la situación es más compleja de lo que piensas
la situation est plus complexe que tu ne le penses

el problema era más difícil de lo que habían dicho
le problème était plus difficile qu'ils ne l'avaient dit

⚠ **Remarquez qu'en espagnol l'on n'emploie pas de négation
dans la proposition qui suit la comparaison.**

2 *La comparaison reposant sur un nom (c'est-à-dire la
comparaison de quantité)*

Ici, selon le cas, on utilise **del que**, **de la que**, **de los que**, **de las
que**. La forme choisie s'accorde en genre et en nombre avec le nom :

vinieron más personas de las que esperábamos
il est venu plus de gens que nous ne nous y attendions

surgieron más problemas de los que habíamos previsto
il y a eu plus de problèmes que nous ne l'avions anticipé

los dans la locution **de los que** s'accorde avec **problemas.**

gasté más dinero del que ahorré
j'ai dépensé plus d'argent que je n'en ai économisé

el dans la locution **del que** s'accorde avec **dinero.**

Autres locutions de comparaison

1   "de plus en plus" est exprimé en espagnol par la locution **cada vez más** :

> **encuentro su comportamiento cada vez más extraño**
> je trouve son comportement de plus en plus bizarre

vez peut être remplacé par un autre mot indiquant la notion de temps sans que l'idée de "de plus en plus" ne soit perdue :

> **la situación se pone cada día más grave**
> la situation empire de jour en jour

"de moins en moins" se traduit par **cada vez menos** :

> **encuentro sus explicaciones cada vez menos verosímiles**
> je trouve ses explications de moins en moins vraisemblables

2   "plus (moins)...plus (moins)"

"Plus (moins)...plus (moins)" se traduit par **cuanto** + comparatif...**tanto** + comparatif. **cuanto** est invariable lorsqu'il est utilisé avec un adjectif ou un adverbe mais s'accorde dans les comparaisons de quantité (c'est-à-dire avec les noms).

Dans tous les cas, **tanto** peut être omis, et il est en fait plus courant de l'omettre.

> **cuanto más fáciles son los ejercicios, más le gustan**
> plus les exercises sont faciles, plus il les aime

> **cuanto más dinero tiene, más quiere**
> plus il a d'argent, plus il en veut

> **cuanto menos dinero tiene, menos discos compra**
> moins il a d'argent, moins il achète de disques

> **cuantos menos problemas tengamos, más contenta estaré**
> moins nous aurons de problèmes, plus je serai contente

3   "d'autant plus" + adjectif + "que" se traduit en espagnol par **tanto** + l'adjectif à la forme comparative + **cuanto que**. Cette construction est réservée en espagnol à un niveau de langue très soutenu :

> **esto es tanto más importante cuanto que nos queda poco tiempo**
> ceci est d'autant plus important que nous n'avons pas beaucoup de temps

LA FORME SUPERLATIVE

En ce qui concerne la formation des superlatifs, voir page 166.

Le superlatif relatif

1   Le superlatif relatif est utilisé pour exprimer la supériorité d'une chose sur toutes les autres choses de sa catégorie.

> **Luisa se puso su mejor traje**
> Luisa a mis son plus beau tailleur

⚠ **Remarquez que l'on ne répète pas l'article défini dans les tournures superlatives en espagnol, comme en témoigne l'exemple suivant :**

> **el español es la asignatura más interesante de las que estudio**
> l'espagnol est la matière la plus intéressante que j'étudie

2   *La portée du superlatif*

La préposition **de** est employée pour introduire la portée du superlatif :

> **es el hombre más rico de la ciudad**
> c'est l'homme le plus riche de la ville

> **Estados Unidos es el país más poderoso del mundo**
> les Etats-Unis sont le pays le plus puissant du monde

Remarquez les constructions suivantes :

> **España es el segundo país más grande de Europa**
> l'Espagne est le deuxième pays d'Europe quant à la taille

> **Brasil es el tercer país más poblado del mundo**
> le Brésil est le troisième pays du monde du point de vue de la population

Le superlatif absolu

Il est important d'opérer une distinction claire en espagnol entre le superlatif relatif utilisé pour comparer une chose par rapport aux autres, et le superlatif absolu qui se rapporte à une chose sans faire référence aux autres (en ce qui concerne la formation du superlatif absolu, voir page 166).

> **eso es rarísimo**
> c'est très curieux

On ne fait intervenir aucun comparaison ici, la phrase consiste à affirmer que quelque chose est très curieux.

Le superlatif absolu peut aussi être exprimé par l'un des adverbes d'intensité :

encuentro esto sumamente interesante
je trouve cela très intéressant

F LES LOCUTIONS ADJECTIVES

L'espagnol, tout comme le français, peut utiliser un grand nombre de locutions adjectives pour décrire un nom. Elles consistent principalement en des noms introduits par la préposition **de**, bien que l'on emploie parfois d'autres prépositions :

un hombre de dos metros de altura
un homme de deux mètres

una mujer de pelo rubio y ojos azules
une femme aux cheveux blonds et aux yeux bleus

refugiados sin casa ni dinero
des réfugiés sans logis et sans argent

G LES PROPOSITIONS ADJECTIVES

Les propositions adjectives sont employées pour décrire les choses. Les choses décrites sont appelées "antécédents". Comme toutes les propositions, une proposition adjective doit comprendre un verbe.

Le pronom relatif

En ce qui concerne la formation des pronoms relatifs, voir page 178.

1 *Le pronom relatif* **que**

Dans la plupart des cas, on peut utiliser le simple pronom relatif **que** :

los hombres que están charlando son españoles
les hommes qui sont en train de bavarder sont espagnols

¿viste la película que pusieron ayer?
tu as vu le film qu'ils ont passé hier ?

⚠ **En espagnol on ne fait pas la distinction qui existe en français entre "qui" et "que". Tous deux se traduisent par** *que*.

2 *Les propositions adjectives comportant des prépositions*

Si l'antécédent est une *personne*, **que** n'est normalement pas utilisé. Il est généralement remplacé par **quien** (ou son pluriel **quienes**), bien que, selon les cas, la forme **el que** ou **el cual** soit aussi parfois utilisée :

el hombre con quien hablaba es mi tío
l'homme auquel je parlais est mon oncle

los turistas a quienes vendí mi coche
les touristes à qui j'ai vendu ma voiture

Si l'antécédent se rapporte à une *chose*, les règles suivantes s'appliquent :

a) Si le pronom relatif est précédé d'une préposition composée (c'est-à-dire comprenant plus d'un mot), une des formes composées du pronom relatif doit être utilisée. Vous devez choisir la forme de **el que** ou **el cual** qui s'accorde en genre et en nombre avec l'antécédent :

la casa detrás de la cual se encuentra el lago
la maison derrière laquelle se trouve le lac

el árbol debajo del cual nos besamos por primera vez
l'arbre en dessous duquel nous nous sommes embrassés pour la première fois

Puisque les formes **el que** et **el cual** sont en fait des formes de l'article défini suivi par **que** ou **cual,** on effectue les contractions habituelles (voir page 154) :

el edificio delante del cual esperábamos
le bâtiment devant lequel nous attendions

preferimos tu nuevo coche al que tenías antes
nous préférons ta nouvelle voiture à celle que tu avais avant

b) Après les prépositions simples **de, en, con**, etc., on peut utiliser **que,** quoique dans un niveau de langue plus soutenu on préfère souvent les formes composées :

la casa en que vivimos es muy vieja
la maison dans laquelle nous habitons est très vieille

comparez avec :

la casa en la cual vivimos es muy vieja

3 lo que, lo cual

Si l'antécédent ne fait pas référence à une chose ou des choses concrètes mais à toute une situation ou à une idée, alors les formes neutres **lo que** ou **lo cual** doivent être utilisées. L'une ou l'autre peuvent être utilisées indifféremment.

 En espagnol on ne fait pas la distinction qui existe en français entre "ce qui" et "ce que". Tous deux se traduisent par *lo que* **ou** *lo cual*.

> **Juan insistió en acompañarnos, lo que no me gustó nada**
> Juan a insisté pour venir avec nous, ce qui ne m'a pas du tout plu

Ce n'est pas Juan qui vous a déplu, mais le fait qu'il ait insisté pour venir.

> **María se negó a hacerlo, lo que no entiendo**
> María a refusé de le faire, ce que je ne comprends pas

Là encore, ce n'est pas María que vous ne comprenez pas, mais le fiat qu'elle ait refusé de le faire.

Les propositions adjectives comportant un antécédent indéfini ou négatif

Une proposition adjective comporte un antécédent indéfini si le nom que l'on décrit fait référence à quelque chose (objet/personne/idée) dont on n'est pas certain de l'existence.

L'antécédent est négatif si le nom que l'on décrit fait référence à quelque chose qui n'existe pas.

 Dans les deux cas, le verbe de la proposition adjective doit être au subjonctif.

En ce qui concerne la construction du subjonctif, voir pages 203-15. Utilisez le présent ou l'imparfait du subjonctif selon le contexte.

1 *Les antécédents indéfinis*

> **busco a alguien que pueda hacer esto**
> je cherche quelq'un qui puisse faire cela

Cette personne peut ne pas exister. Vous pouvez ne pas la trouver. Comparez ce dernier exemple avec **busco a un hombre que habla español**, où l'utilisation de l'indicatif **habla** indique que vous connaissez un monsieur qui parle espagnol, mais que vous ne le trouvez simplement pas en ce moment.

> **los que no quieran participar pueden irse ahora**
> ceux qui ne souhaitent pas participer peuvent partir maintenant

On ne peut pas savoir combien de personnes ne souhaiteront pas participer. En fait il est possible que tout le monde souhaite participer.

Cette construction est fréquemment employée avec les propositions adjectives qui font référence au futur :

> **los que no lleguen a tiempo no podrán entrar**
> ceux qui n'arriveront pas à temps ne pourront pas entrer

Bien sûr, il est possible que tout le monde arrive à temps.

Dans un langage soutenu, **quien** est utilisé seul en tant que pronom relatif indéfini signifiant "quelqu'un", "quiconque". Il peut être le sujet ou l'objet de la proposition adjective :

> **busco quien me ayude**
> je cherche quelqu'un pour m'aider (ou qui puisse m'aider)

> **quien diga eso no entiende nada**
> quiconque dit cela ne comprend rien

2 *Les antécédents négatifs*

> **no hay nadie que sepa hacerlo**
> il n'y a personne qui sache comment le faire

> **no tengo libro que te valga**
> je n'ai pas de livre qui puisse t'être utile

> **no conozco ningún país donde permitan eso**
> je ne connais pas de pays où cela soit permis

4 Pour Faire Référence aux Actions : le Verbe

Le mot "actions" n'est pas employé ici que pour faire référence aux actions telles que l'on entend ce terme normalement. Il fait aussi référence à des activités mentales comme "penser", "envisager", etc., ainsi qu'à des états, comme "être", "sembler", "paraître", etc.

A LE SUJET DU VERBE

1 Le pronom sujet

Pour les formes des pronoms sujets voir page 179.

a) *Cas dans lesquels le pronom sujet n'est pas énoncé*

En français, le sujet du verbe est soit explicitement énoncé – "mon ami est retourné en Espagne hier" – soit remplacé par un pronom – "il est retourné en Espagne hier".

Cependant, la terminaison du verbe en espagnol indique en général clairement quel est le sujet ; par exemple **hablo** ne peut signifier que "je parle", **hablamos** ne peut signifier que "nous parlons". Par conséquent, on peut en espagnol employer le verbe seul sans pronom personnel :

¿qué piensas de todo esto?
que penses-tu de tout cela?

iremos a la playa mañana
nous irons à la plage demain

Il est en fait plus fréquent d'omettre le pronom personnel que de l'employer. Cependant, on emploie normalement **Vd.** et **Vds.** pour éviter toute confusion avec **él, ella** et **ellos, ellas,** par exemple, puisque les terminaisons des verbes sont les mêmes.

¿por qué estudia Vd. español?
pourquoi est-ce que vous étudiez l'espagnol ?

Remarquez que l'on n'emploie pas le pronom personnel dans les constructions comme celles qui suivent:

los franceses preferimos el champán
nous les Français, nous préférons le champagne

los españoles bebéis mucho vino
vous les Espagnols, vous buvez beaucoup de vin

b) *L'emploi des pronoms personnels sujets*

Cependant, on exprime les pronoms personnels (1) pour marquer l'emphase ou (2) dans les cas prêtant manifestement à confusion :

¿qué piensas tú de todo esto?
que penses-tu de tout cela, toi ?

él salió al cine, pero ella se quedó en casa
lui est allé au cinéma, mais elle est restée à la maison

Si les pronoms n'étaient pas exprimés ci-dessus dans le dernier exemple, on ne saurait pas avec certitude qui fait quoi.

Souvenez-vous que **nosotros, vosotros** et **ellos** ont des formes du féminin qui doivent être employées si l'on ne parle que de femmes ou de filles :

María y Carmen, ¿qué pensáis vosotras de esto?
María et Carmen, qu'est-ce que vous pensez de cela ?

Remarquez également la différence entre l'espagnol et le français dans les constructions telles que :

¿quién es? - soy yo/somos nosotros
qui est-ce ? - c'est moi/c'est nous

soy yo quien quiere hacerlo
c'est moi qui veux le faire

Comme on peut le voir, le verbe "être" (**ser**) s'accorde avec le sujet exprimé.

c) *ello*

ello est un pronom neutre en espagnol et ne s'emploie jamais pour faire référence à un objet spécifique. Il s'emploie pour faire référence à toute une idée ou toute une situation. Son emploi en tant que sujet est rare et est généralement réservé à quelques constructions appartenant à un langage soutenu :

> **todo ello me parece muy extraño**
> tout cela me semble très étrange

ello rappelle ici une situation à laquelle on vient juste de faire référence :

> **por ello decidió no continuar**
> il a donc décidé de ne pas continuer

d) *Pour mettre en valeur le pronom sujet*

On met en valeur les pronoms sujets en employant l'adjectif **mismo** à la forme qui convient :

> **lo hice yo mismo**
> je l'ai fait moi-même

Bien entendu, une personne du sexe féminin dirait **lo hice yo misma**.

⚠ Notez qu'en espagnol on utilise les formes normales du pronom sujet avec *mismo* et non pas le pronom emphatique comme en français.

> **me lo dijo él mismo**
> il me l'a dit lui-même

e) *tú et usted*

La tradition veut que l'on réserve l'emploi de **tú** aux amis proches et aux membres de la famille, ainsi qu'aux enfants, **usted** étant employé dans toutes les situations plus officielles. Cependant, il est certain que l'emploi de **tú** est récemment devenu de plus en plus fréquent en Espagne, et les personnes jeunes qui se rendent en Espagne peuvent certainement s'attendre à ce que les gens de leur âge leur disent **tú**, et y répondront en utilisant également **tú**.

Mêmes les moins jeunes se verront tutoyés pas des personnes qu'ils ne connaissent pas. Cependant, il convient de faire preuve de prudence. L'emploi de **usted** est certainement conseillé lorsque l'on s'adresse pour la première fois à une personne plus âgée, ou à une personne à laquelle on doit le respect. De manière générale, imitez les Espagnols auxquels vous vous adressez. Si tout le monde se tutoie, ce serait faire preuve de maladresse et de froideur que de s'obstiner à employer **usted.**

2 La traduction de "on", "les gens", etc.

a) *L'emploi de tú*

Dans l'espagnol de tous les jours, lorsqu'on s'adresse à une personne que l'on tutoierait, on emploie les formes du verbe correspondant au pronom **tú** pour exprimer l'idée de "on". C'est là un usage beaucoup plus répandu en espagnol qu'en français.

> **si tienes mucho dinero, puedes comprar lo que quieras**
> si on a beaucoup d'argent, on peut acheter ce qu'on veut

Cependant, dans la langue écrite ou orale d'un niveau plus soutenu, l'emploi de cette construction serait déplacé. Il existe deux autres constructions, à savoir :

b) *Le verbe à la forme réfléchie*

> **se dice que los precios en España son muy bajos**
> on dit que les prix sont faibles en Espagne

> **se cree que habrá menos turistas este año**
> on pense qu'il y aura moins de touristes cette année

c) *L'emploi de uno ou la gente*

> **uno no puede menos de reírse**
> on ne peut pas s'empêcher de rire

> **la gente no cree todo lo que dice el gobierno**
> les gens ne croient pas tout ce que le gouvernement dit

On emploie obligatoirement **uno** ou **la gente** si le verbe lui-même est à la forme réfléchie :

> **a la larga uno se acostumbra a todo**
> à la longue, on s'habitue à tout

3   L'accord du sujet et du verbe

Le verbe en espagnol s'accorde avec le sujet. Il existe cependant des noms que l'on considère comme étant au singulier dans une langue et au pluriel dans l'autre :

la gente no quiere que el gobierno haga eso
les gens ne veulent pas que le gouvernement fasse cela

Comme en français, le verbe ayant pour sujet **la mayoría** et **la mayor parte** (qui signifient tous les deux "la majorité", "la plupart") se met au singulier. Cependant s'ils sont suivis d'un deuxième nom, lui au pluriel, le verbe est généralement au pluriel :

la mayoría votó en contra de la propuesta
la majorité a voté contre la proposition

la mayoría de los diputados votaron en contra de la propuesta
la plupart des députés ont voté contre la proposition

Par contre, il existe un petit nombre de noms au pluriel qui sont considérés comme faisant référence à un objet singulier, et qui sont régulièrement suivis d'un verbe au singulier :

Estados Unidos ha expresado su desacuerdo con esta decisión
les Etats-Unis ont exprimé leur désaccord à l'égard de cette décision

Estados Unidos est ici simplement considéré comme étant le nom d'un pays. C'est également le cas du syndicat **Comisiones Obreras:**

Comisiones Obreras se opuso a la política del gobierno
Comisiones Obreras s'est opposé à la politique du gouvernement

Cependant, si l'on utilisait l'article, le verbe serait bien au pluriel :

los Estados Unidos no están de acuerdo
les Etats-Unis ne sont pas d'accord

Remarquez également que si le verbe **ser** est suivi d'un nom au pluriel, il est lui-même au pluriel, même si son sujet apparent est au singulier :

el problema son los elevados precios del petróleo
le problème, c'est le prix élevé du pétrole

B L'OBJET DU VERBE

1 Les compléments d'objet directs et indirects

Si l'action exprimée par le verbe s'applique directement à une personne ou à une chose, cette personne ou cette chose est le complément d'object direct du verbe.

Si l'action ne s'applique pas directement à quelq'un ou quelque chose mais que l'on fait intervenir l'idée de "à quelqu'un ou quelque chose" ou "pour quelqu'un ou quelque chose" (même si cette idée n'est pas explicitement exprimée), alors la personne ou la chose en question est le complément d'objet indirect du verbe.

Un verbe peut avoir simultanément un complément d'objet direct et un complément d'objet indirect :

le escribí una carta a mi hermano
j'ai écrit une lettre à mon frère

Dans cette phrase **carta** est le complément d'objet direct puisque c'est la lettre qui est écrite, et **hermano** est le complément d'objet indirect puisque c'est le frère à qui la lettre est écrite.

2 Le *a* qui introduit les personnes

⚠ **Si le complément d'objet direct d'un verbe est une personne en particulier ou un groupe de personnes en particulier, il est primordial de le faire précéder en espagnol de la préposition *a*.**

Il convient de bien comprendre que ce **a** ne transforme pas le complément d'objet direct en un complément d'objet indirect. Ce **a** ne se traduit pas en français :

veo a mi hermano
je vois mon frère

encontré a mi padre
j'ai rencontré mon père

Si le complément d'objet direct est une personne, mais pas une personne en particulier, on n'emploie alors pas le **a** :

buscamos un médico
nous cherchons un médecin

Non pas un médecin en particulier, mais n'importe quel médecin.

La préposition **a** introduisant les personnes s'emploie aussi avec certains pronoms se rapportant aux personnes, même si ceux-ci ne se rapportent pas toujours à des personnes en particulier :

conozco a alguien que puede ayudarto   **no veo a nadie**
je connais quelqu'un qui peut t'aider   je ne vois personne

La préposition **a** s'emploie aussi avec les animaux, si l'on fait référence à un animal en particulier :

llevé a mi perro a dar un paseo
j'ai sorti mon chien

3 Les pronoms compléments d'objet

La fonction d'un pronom consiste à remplacer un nom. Par exemple, dans la phrase "Jean voulait le livre, alors je le lui ai donné", "le" remplace "le livre", et "lui" remplace "à Jean". Voir page 179 les formes des pronoms compléments d'objet.

a) *Les pronoms compléments d'objet direct et indirect*

En espagnol écrit et parlé, le pronom complément d'objet indirect de la troisième personne (**le, les, se**) est presque toujours employé, même lorsque le complément d'objet indirect est explicitement exprimé :

le di el libro a mi amigo   **él se lo dio a su hermano**
j'ai donné le livre à mon ami   il l'a donné à son frère

b) *le et lo en tant que pronoms compléments d'objet direct*

Strictement parlant, on emploie **le** en tant que complément d'objet direct lorsque l'on fait référence à une personne du sexe masculin, tandis que **lo** est employé en tant que complément d'objet direct pour faire référence à une chose au masculin :

¿ves a mi hermano? – sí, sí, le veo
est-ce que tu vois mon frère ? – oui, oui, je le vois

¿has visto este cuadro de Picasso? – sí, sí, lo he visto
tu as vu ce tableau de Picasso ? – oui, oui, je l'ai vu

Cependant en espagnol parlé, et quelquefois aussi en espagnol écrit, **lo** est souvent employé à la place de **le**, un phénomène que l'on appelle **loísmo** :

¿ves a mi hermano? – sí, sí, lo veo
est-ce que tu vois mon frère ? – oui, oui, je le vois

On peut aussi assister à un autre phénomène, appelé **leísmo**, c'est à dire l'emploi de **les** à la place de **los** au pluriel :

¿tienes los libros? – sí, les tengo
tu as les livres ? – oui, je les ai

Vous rencontrerez certainement ces tournures un jour ou l'autre, bien qu'il soit probablement préférable de ne pas les employer vous-mêmes.

4 Le pronom neutre *lo*

Le pronom neutre **lo** ne fait jamais référence à une personne ou une chose identifiable. Il ne peut faire référence qu'à toute une idée ou à toute une situation.

¿sabes que ha llegado Juan? – sí, ya lo sé
sais-tu que Juan est arrivé ? – oui (je le sais)

Ce que vous savez, c'est que "Juan est arrivé". **lo** est souvent traduit par "le" en français :

tú mismo me lo dijiste
tu me l'as dit toi-même

lo peut aussi être employé après les verbes **ser** et **estar** (être). Dans ce cas, il se rapporte généralement au dernier adjectif, bien que dans les cas de **ser** il puisse se rapporter à un nom.

Souvenez-vous que **lo** est toujours invariable, quels que soient le genre et le nombre de l'adjectif ou du nom auquel il se rapporte :

ellos están cansados, y nosotros lo estamos también
ils sont fatigués, et nous aussi

lo se rapporte ici à **cansados**.

su padre es médico, y el mío lo es también
son père est médecin et le mien aussi

lo se rapporte ici au nom **médico**.

5 Les pronoms compléments d'objet forts

Voir page 180 les formes des pronoms complément d'objet forts. Les pronoms forts s'emploient après les prépositions :

¿este dinero es para mí? – no, es para ellos
est-ce que cet argent est pour moi ? – non, c'est pour eux

Les pronoms forts s'emploient aussi avec la préposition **a** pour mettre en valeur les pronoms compléments d'objet direct ou indirect exprimés dans la même phrase :

me dio el libro a mí, no a ti
c'est à moi qu'il a donné le livre, pas à toi

te veo a ti, pero no la veo a ella
je te vois, toi, mais je ne la vois pas, elle

Cette mise en relief peut être encore accentuée en plaçant le pronom fort devant le verbe :

a mí no me gusta nada
moi, je n'aime pas du tout ça

6   La traduction des pronoms français "en" et "y"

Il n'y a pas d'équivalent direct de ces pronoms en espagnol. La traduction varie selon le contexte, et parfois on ne les traduit simplement pas.

"en"

Quand "en" est employé avec les nombres, on ne le traduit pas :

tengo diez
j'en ai dix

Dans la plupart des autres cas, on peut traduire "en" par **de eso** ou **de** + le pronom fort à la forme qui convient (**él, ella, ellos, ellas**) pour faire référence à quelque chose de spécifique (voir page 156).

ya me habló de eso
il m'en a déjà parlé

no le gustan los perros, tiene miedo de ellos
il/elle n'aime pas les chiens, il/elle en a peur

S'il fait référence à des quantités indéfinies, "en" peut par exemple se traduire par **un poco** quand il représente un nom singulier et par **algunos/algunas** quand il représente un nom pluriel :

¿tienes leche? – ¿me das un poco?
tu as du lait ? – tu veux m'en donner ?

he comprado naranjas – ¿quieres algunas?
j'ai acheté des oranges – tu en veux ?

"y"

Quand il fait référence au lieu, "y" se traduit normalement par **allí** ou **allá** (qui signifient "là") ou moins fréquemment par **aquí** (qui signifie "ici") :

¿vas a París? – voy allí la semana que viene
est-ce que tu vas à Paris ? – j'y vais la semaine prochaine

Quand il fait référence à une chose spécifique, "y" se traduit par la préposition qui convient + **él/ella/ellos/ellas**. Voir pages 228-31 et 234-9 pour l'emploi des prépositions selon le verbe :

¿estás pensando en los exámenes? – sí, pienso mucho en ellos
tu penses aux examens ? – oui, j'y pense souvent

Dans de nombreux cas, il n'y a pas de traduction possible :

no pude resistir
je n'ai pas pu y résister

C POUR METTRE L'ACTION EN RELIEF

Pour mettre le verbe en relief en espagnol, on emploie **sí que** suivi du verbe ou un verbe comme **asegurar** :

sí que te creo; te aseguro que te creo
je t'assure que je te crois

ella sí que no vendrá; seguro que ella no vendrá
il est certain qu'elle ne viendra pas

Parfois, on insiste sur une action en utilisant d'abord l'infinitif et ensuite la forme du verbe qui convient :

¿tú bebes? – beber no bebo, pero fumo mucho
est-ce que tu bois ? – ça non, je ne bois pas, mais je fume beaucoup

D POUR METTRE LE VERBE A LA FORME NEGATIVE

1 La négation simple

Dans une tournure négative simple, on place **no** devant le verbe :

no como muchos caracoles, no me gustan
je ne mange pas beaucoup d'escargots, je ne les aime pas

no le vi porque no vino
je ne l'ai pas vu parce qu'il n'est pas venu

2 La négation composée

Avec les négations autres que **no**, il existe en général deux possibilités :

a) **no** est placé devant le verbe et l'autre négation est placée après le verbe. Dans la plupart des cas, on emploie de préférence cette construction :

no conozco a nadie aquí   **no sabe nada**
je ne connais personne ici   il ne sait rien

On emploie cette même tournure lorsque la deuxième négation se trouve dans une autre proposition :

no quiero que hables con nadie
je ne veux pas que tu parles à qui que ce soit

no es necesario que hagas nada
il n'est pas nécessaire que tu fasses quoi que ce soit

b) On omet **no** et on place la négation seule *devant* le verbe. En général, cette construction est réservée aux emplois de **nadie** en tant que sujet du verbe, et à **tampoco, nunca** et **jamás** :

nadie sabe adónde ha ido
personne ne sait où il/elle est allé(e)

Luisa nunca llega a tiempo   **a mí tampoco me gusta**
Luisa n'arrive jamais à l'heure   je n'aime pas cela non plus

3 Autres négations

Les locutions **estar sin** + infinitif et **estar por** + infinitif constituent des négations de l'action qui permettent de suggérer que cette action n'a pas encore été accomplie :

la puerta está todavía sin reparar
la porte n'a pas encore été réparée

este problema está todavía por resolver
ce problème reste à résoudre

estar peut être remplacé par **quedar**

4 Les négations après les prépositions

Remarquez que les prépositions **sin** et **antes de** sont toujours suivies de négations, même lorsqu'en français en peut employer un terme positif :

salió sin hablar con nadie
il/elle est sorti(e) sans parler à personne/qui que ce soit

decidió comer algo antes de hacer nada más
il/elle a décidé de manger quelque chose avant de faire quoi que ce soit

5 L'emploi de plusieurs négations

Plusieurs négations peuvent être employées dans la même proposition en espagnol comme en français :

nadie sabe nunca nada
personne ne sait jamais rien

no hablo nunca con nadie
je ne parle jamais à personne/je ne parle jamais à qui que ce soit

6 Pour mettre la négation en relief (*noms*)

Aves les noms, on peut mettre la négation en relief en employant l'adjectif **ninguno** (voir page 161). On emploie rarement **ninguno** au pluriel :

no me queda ningún dinero
je n'ai plus d'argent

Pour mettre la négation encore davantage en valeur, on peut placer **alguno**, à la forme qui convient, *après* le nom :

no tiene miedo alguno
il n'est pas le moins du monde effrayé

Dans l'espagnol de tous les jours, **nada de** peut aussi s'employer avant le nom :

no me queda nada de dinero
il ne me reste plus du tout d'argent

Le degré de négation en espagnol est le suivant :

no tengo miedo	je n'ai pas peur
no tengo ningún miedo	je n'ai pas du tout peur
no tengo miedo alguno/	je n'ai absolument pas peur
no tengo nada de miedo	

Remarquez aussi les tournures suivantes :

no tengo ni idea/no tengo ni la menor idea/no tengo la más mínima idea
je n'en ai pas la moindre idée

7 Pour mettre la négation en valeur (*adjectifs*)

Dans le cas d'un adjectif, on peut insister sur la négation en plaçant **nada** devant l'adjectif. **Nada** est invariable :

no encuentro sus libros nada interesantes
je ne trouve pas ses livres intéressants du tout

8 Pour mettre la négation en valeur *(verbes)*

nada peut aussi s'employer en tant que négation ayant une valeur emphatique, plutôt que pour traduire "rien"; cependant cette construction est rarement employée lorsque le verbe est suivi d'un complément d'objet direct :

la película no me gustó nada
le film ne m'a pas du tout plu

no he dormido nada
je n'ai pas du tout dormi

Si le verbe a un complément d'objet, on peut employer une locution comme **en absoluto** :

no entiendo esto en absoluto
je ne comprends pas du tout cela

Remarquez que, employé seul, **en absoluto** signifie *pas du tout* :

¿me crees? – en absoluto
est-que tu me crois ? – pas du tout

9 Pour traduire "ne que", "ne guère", "ne plus"

"ne...que" se traduit en espagnol par **sólo** ou **solamente** :

tengo solamente dos horas/tengo sólo dos horas
je n'ai que deux heures

"ne...guère" se traduit en espagnol par **apenas** placé devant le verbe :

apenas la conoce
il ne le connaît guère

"ne...plus" se traduit en espagnol par **ya no** placé devant le verbe :

ya no vive allí
il/elle n'habite plus là

E POUR POSER DES QUESTIONS

Comme pour les tournures négatives, on forme les questions à l'aide de la forme normale ou progressive du verbe, selon le cas.

1 Les questions simples

Les questions simples sont celles qui ne sont pas introduites par un mot interrogatif :

Remarque: en espagnol, il n'y a pas d'équivalent à la tournure "est-ce que... ?".

¿está aquí tu hermano?
est-ce que ton frère est là ?

Cependant elles peuvent parfois être identiques par leur forme aux affirmations, bien que cela ait tendance à sous-entendre que le locuteur s'attend à la réponse **sí**. Dans ce cas, c'est l'intonation du locuteur qui indique à son interlocuteur qu'il pose une question :

¿el agua está fría?
l'eau est froide ?

"N'est-ce pas ?" se traduit en espagnol par **¿no es verdad?**, **¿verdad?**, ou, dans un langage plus familier, simplement par **¿no?**.

tú le diste el dinero, ¿verdad?
tu lui as donné l'argent, n'est-ce pas?

te gusta hablar español, ¿no?
tu aimes parler espagnol, n'est-ce pas ?/hein ?

2 Les pronoms et adjectifs interrogatifs

a) *qué*

qué est employé (1) en tant que pronom interrogatif indéfini ou (2) en tant qu'adjectif interrogatif immédiatement devant un nom :

¿qué quieres?
qu'est-ce que tu veux ?

¿qué libro te gusta más?
quel livre est-ce que tu aimes le mieux ?

Remarquez que **qué** est invariable

b) *cuál*

cuál est un pronom interrogatif. Si le nom est exprimé, **cuál** doit être suivi de **de** :

¿cuál te gustó más?
quel/quelle est celui/celle que tu as le plus aimé(e) ?

¿cuál de estos coches prefieres?
laquelle de ces voitures est-ce que tu préfères ?

¿cuáles son les mejores?
quel(le)s sont les meilleur(e)s ?

3 Les interrogations indirectes

Les interrogations indirectes sont introduites soit par la conjonction **si** (si), soit par un pronom ou un adjectif interrogatifs :

me preguntó si había visto la película
il/elle m'a demandé si j'avais vu le film

no sé cuál prefiero
je ne sais quel est celui que je préfère

se negó a decirme con quién había salido
il/elle a refusé de me dire avec qui il/elle était sorti(e)

F LE VERBE A LA FORME REFLECHIE

1 Le pronom réfléchi

Un verbe est employé à la forme réfléchie si l'action du verbe est réfléchie sur le sujet. En espagnol, on met le verbe à la forme réfléchie en l'employant avec le pronom réfléchi à la forme qui convient (voir page 180).

se levantó, se lavó, se vistió y salió
il s'est levé, lavé, habillé et il est sorti

Les pronoms réfléchis indirects expriment l'idée de "pour soi-même" :

me compré un elepé
je me suis acheté un disque

Les pronoms réfléchis sont également très importants lorsqu'on exprime des actions s'accomplissant sur des parties du corps ou les vêtements du locuteur :

me rompí la pierna　　　　**se puso la chaqueta**
je me suis cassé la jambe　　　il/elle a mis sa veste

 Remarquez que les temps composés des verbes réfléchis se forment en espagnol avec *haber* et qu'on ne fait pas d'accord.

las chicas se habían despertado temprano
les jeunes filles s'étaient levées de bonne heure

2 Le préfixe *auto-*

En espagnol contemporain, un certain nombre de verbes réfléchis ont aussi le préfixe **auto-** (même sens qu'en français) qui leur est juxtaposé afin de souligner le fait que l'action est réfléchie. Cependant, il convient d'utiliser ces verbes avec prudence. N'utilisez que ceux que vous connaissez :

autoprotegerse
se protéger

estos grupos se autoubican en la izquierda
ces groupes se disent de gauche

On rencontre aussi ce préfixe dans un grand nombre de noms: **autodominio** (maîtrise de soi), **autocrítica** (auto-critique), etc.

3 La réciprocité

On peut employer un verbe à la forme réfléchie non seulement pour exprimer l'idée de l'action se réfléchissant sur le sujet, mais aussi pour exprimer la réciprocité de l'action (c'est-à-dire l'action de plusieurs sujets les uns sur les autres). Dans ces cas-là, le verbe est toujours au pluriel :

nos encontramos en la calle
nous nous sommes rencontrés dans la rue

nos vemos mañana
à demain (nous nous verrons demain)

Si le verbe est lui-même réfléchi, l'action réciproque peut être indiquée par l'emploi de **uno a otro**, à moins que le contexte indique clairement qu'il s'agit d'une action réciproque :

se felicitaron uno a otro
ils/elles se sont félicité(e)s mutuellement

Si le verbe prend une préposition avant son complément d'objet, la préposition remplacera le **a** de **uno a otro** :

se despidieron uno de otro
ils/elles se sont dit au-revoir

se despidieron signifierait simplement "ils ont dit au-revoir".

Dans un niveau de langue très soutenu, **uno a otro** peut être remplacé par les adverbes **mútuamente** ou **recíprocamente** :

se ayudan mútuamente
ils s'entraident

4 Autres emplois

On peut employer un certain nombre de verbes à la forme réfléchie en espagnol, sans que la signification de ces verbes diffère beaucoup de celles des verbes non-réfléchis. Les plus répandus parmi ces verbes sont les suivants :

caer, caerse	tomber
morir, morirse	mourir

La signification des autres verbes change de façon généralement imprévisible :

comer	manger
comerse	manger entièrement
dormir	dormir

dormirse	s'endormir
ir	aller
irse	s'en aller
llevar	porter
llevarse	emporter
quedar	rester
quedarse	rester (quelque part)

G POUR DONNER DES ORDRES

Voir pages 206-7 la formation de l'impératif.

Il est important de se souvenir que l'impératif à proprement parler n'est employé que pour donner des ordres positifs s'adressant soit à **tú** soit à **vosotros/vosotras**. Dans *tous* les autres cas, (ordres positifs s'adressant à **Vd.** et **Vds.**, et *tous* les ordres négatifs), on emploie le subjonctif à la forme qui convient :

> **no leas esa revista, lee ésta**
> ne lis pas ce magazine-là, lis celui-ci

> **tenéis que escribir la carta en español, no la escribáis en francés**
> vous devez écrire la lettre en espagnol, ne l'écrivez pas en français

> **vengan mañana, no vengan hoy**
> venez demain, ne venez pas aujourd'hui

On emploie aussi le subjonctif pour la troisième personne de l'impératif, qui est généralement précédée de **que** :

> **¡que lo hagan ellos mismos!**
> qu'ils fassent eux-mêmes !

La première personne de l'impératif (c'est-à-dire celle correspondant à "nous") peut s'exprimer soit à l'aide du subjonctif, ou à l'aide de **vamos a** suivi du verbe à l'infinitif. L'emploi du subjonctif sous-entend une attitude plus engagée vis-à-vis de l'action en question de la part du locuteur :

> **vamos a ver**   **vamos a empezar**
> voyons (cela)   commençons

> **vamos**
> on y va

> **hagamos eso ahora mismo**
> faisons-le immédiatement

H LE PASSIF

1 *ser* + participe passé

On forme le passif en espagnol à l'aide de **ser** + le participe passé. Il convient de bien garder présent à l'esprit que le passif est employé exclusivement pour exprimer une action. Si vous ne faites pas référence à une action, mais décrivez un état, alors vous devez employer **estar**.

Dans cette construction avec **ser** + participe passé, le participe passé s'accorde toujours avec le sujet, c'est-à-dire avec la chose ou la personne qui subit l'action.

Comparez :

> **la ventana fue rota por la explosión**
> la fenêtre a été brisée par l'explosion

> **cuando entré en la sala vi que la ventana estaba rota**
> quand je suis entré dans la pièce, j'ai vu que la fenêtre était brisée.

2 L'emploi de la forme réfléchie

Une autre méthode pour exprimer le passif en espagnol consiste à mettre le verbe à la forme réfléchie :

> **el libro se publicó hace dos años**
> le livre a été publié il y a deux ans

> **las mercancías pueden mandarse por vía aérea**
> les marchandises peuvent être envoyées par avion

Il ne s'agit pas là d'une façon d'"éviter" le passif. Au contraire, cette construction est considérée par les Espagnols comme un passif à part entière. Lorsqu'il entend la phrase suivante :

> **el palacio se construyó en 1495**
> le palais a été construit en 1495

un Espagnol ne penserait jamais que le palais s'est construit lui-même.

Remarquez qu'il existe en français une tournure similaire mais d'un emploi plus restreint :

> **¿cómo se pronuncia?**
> comment ça se prononce ?

5 Pour Situer les Actions Dans le Temps

A POUR EXPRIMER LA NOTION DE TEMPS : LES LOCUTIONS VERBALES

Les locutions verbales temporelles sont extrêmement utiles dans la mesure où elles peuvent s'employer pour n'importe quel temps, présent, passé ou futur, sans que leur forme subisse de modification.

1 Préposition + infinitif

a) *Les prépositions de temps + infinitif*

La plupart des locutions verbales temporelles sont constituées d'une préposition de temps suivie d'un verbe à l'infinitif. Cette construction s'emploie le plus fréquemment lorsque le sujet du verbe à l'infinitif est le même que le sujet du verbe principal de la phrase :

tomé un café antes de salir
j'ai pris un café avant de partir

después de terminar mis deberes, escucharé la radio
après avoir fini mes devoirs j'écouterai la radio

Dans un style plutôt littéraire, l'infinitif peut avoir un sujet différent de celui du verbe principal, mais ce sujet doit être placé après l'infinitif :

me cambié de ropa antes de llegar mis amigos
je me suis changé(e) avant que mes amis arrivent

b) *al + infinitif*

Il s'agit là d'une construction très utile en espagnol, bien qu'elle soit d'un emploi plus fréquent à l'écrit qu'à l'oral. Elle sert à exprimer des actions simultanées dans le présent, le futur ou le passé. Elle peut même avoir son propre sujet, qui peut être différent du sujet, du verbe principal de la phrase :

al entrar vieron a los otros salir
lorsqu'ils/elles sont entré(e)s, ils/elles ont vu les autres sortir

al aparecer el cantante, el público aplaudió
lorsque le chanteur est apparu, le public a applaudi

Cette construction peut aussi indiquer la cause :

al tratarse de una emergencia, llamamos un médico
comme c'était une urgence, nous avons appelé un médecin

2 Préposition + participe passé

En espagnol littéraire, **después de** et **una vez** peuvent s'employer avec le participe passé pour former une locution de temps, bien que cette construction ne soit jamais employée à l'oral. Le participe passé s'accorde avec le sujet de la phrase :

después de terminadas las clases, volvimos a casa
à la fin des cours, nous sommes rentré(e)s à la maison

pagaremos la factura una vez entregadas las mercancías
nous paierons la facture une fois que les marchandises auront été livrées

B POUR EXPRIMER LE PRESENT

1 L'emploi des formes progressives du présent

Les formes progressives sont formées de **estar** à la forme qui convient (voir pages 96, 222) suivi du verbe au participe présent (on peut aussi employer d'autres verbes qu'**estar**, comme on peut le voir ci-dessous).

a) estar + *participe présent*

Les formes progressives présentent toute action essentiellement comme une activité. Si une action ne peut pas être envisagée comme une activité, on n'emploie pas la forme progressive, par exemple :

me siento bien
je me sens bien

Les formes progressives sont employées pour des actions que l'on considère comme étant en train de se dérouler au moment où l'on parle :

no hagas tanto ruido - estoy escuchando la radio
ne fais pas autant de bruit - j'écoute la radio (je suis en train de l'écouter en ce moment)

On les emploie aussi lorsqu'une action a été commencée dans le passé et que le locuteur se sent encore impliqué dans cette action, bien qu'elle puisse ne pas avoir lieu au moment où il parle :

estoy escribiendo una tesis sobre la política española
j'écris une thèse sur la politique espagnole

Je peux ne pas être en train d'écrire au moment où je parle (en fait, je peux n'avoir pas travaillé sur ma thèse depuis plusieurs semaines), mais j'ai déjà commencé et c'est l'une de mes activités à l'heure actuelle.

Comparez :

no me interrumpas, estoy trabajando
ne m'interromps pas, je suis en train de travailler

et :

trabajo en Madrid
je travaille à Madrid

b) *ir + participe présent*

ir souligne la nature progressive de l'action, et suggère que celle-ci se poursuivra dans le futur :

poco a poco nos vamos acostumbrando
nous nous y habituons petit à petit (et nous continuerons à nous y habituer)

la tasa de inflación va aumentando
le taux de l'inflation augmente (et continuera à augmenter)

c) *venir + participe présent*

venir indique que l'action a commencé dans le passé et se poursuit dans le présent :

las medidas que vienen adoptando son inútiles
les mesures qu'ils sont en train d'adopter sont inutiles

los ejercicios que venimos haciendo no son interesantes
les exercices que nous faisons ne sont pas intéressants

2 Le présent en général

Tous les autres aspects du présent (actions répétées, vérités d'ordre général, etc.) sont exprimés par les formes normales du présent :

vamos a España todos los años
nous allons en Espagne tous les ans

la vida es dura
la vie est dure

C POUR EXPRIMER LE FUTUR

1 La notion d'engagement personnel de la part du locuteur

Pour l'expression du futur, l'espagnol fait la distinction entre les cas où il y a un engagement personnel de la part du locuteur et les cas où cet engagement n'existe pas. Cette nuance dans l'expression du futur s'applique aussi au futur dans le passé.

En espagnol, on met le verbe au présent pour exprimer une action dans le futur tout en faisant intervenir la notion d'engagement personnel de la part du locuteur. Si cette notion d'engagement de la part du locuteur n'est pas présente, on emploie le futur. Remarquez toutefois que le présent ne peut s'employer pour exprimer une action future que s'il existe un mot dans la phrase indiquant la notion de futur ou si le contexte fait clairement référence au futur.

Le présent peut aussi s'employer en français pour exprimer un futur avec notion d'engagement de la part du locuteur (par exemple : je pars demain, le bateau part mardi prochain).

a) *le présent et le futur*

Il convient de souligner le fait que la différence entre ces deux futurs n'est en aucune manière liée à l'action dont il est question, ou à sa distance dans le temps par rapport au locuteur. Il est tout à fait possible d'employer l'un ou l'autre futur pour faire référence à la même action. Ce qui détermine le choix du locuteur est la mesure de son engagement par rapport à l'action à laquelle il se réfère.

Comparez les exemples suivants :

lo hago mañana　　　　**lo haré mañana**

Ces deux phrases signifient "je le ferai demain". Cependant, la première exprime une intention de l'accomplir beaucoup plus ferme de la part du locuteur.

Le futur (en réalité un présent) exprimant un engagement de la part du locuteur tend à être plus couramment employé aux premières personnes du singulier et du pluriel ("je" et "nous"). Néanmoins il est aussi employé aux troisièmes personnes si le locuteur fait référence à un événement dont il est absolument certain :

los Reyes visitan Alemania la semana que viene
le Roi et la Reine visitent (visiteront) l'Allemagne la semaine prochaine

el primer centenario de la democracia se celebra en 2077
le premier centenaire de la démocratie sera célébré en 2077

Comme en français, ces deux phrases auraient très bien pu être formulées en employant le futur (**irán** et **celebrarán**), mais le locuteur exprimerait alors ainsi une distance par rapport à l'événement.

Le présent est aussi très employé pour demander directement à quelqu'un de faire quelque chose immédiatement :

¿me prestas mil pesetas?
tu me prêtes mille pesetas ?

Une autre tournure moins directe consiste à employer les verbes **poder** ou **querer** suivis de l'infinitif :

¿puedes darme esas tijeras?
peux-tu me donner cette paire de ciseaux ?

¿quieres pasarme ese bolígrafo?
veux-tu me passer ce stylo ?

L'emploi du futur pour formuler une demande indique qu'on ne s'attend pas à ce que la demande soit exaucée immédiatement :

¿me terminarás eso?
pourras-tu me finir cela ? (à un moment ou à un autre dans le futur)

b) *ir a* + *infinitif*

Comme dans la construction française "je vais le faire demain", on peut aussi exprimer en espagnol un futur avec notion d'engagement de la part du locuteur par **ir a** suivi de l'infinitif, bien que cette tournure soit plutôt moins fréquente que son équivalent français :

voy a estudiar medicina en la universidad
je vais étudier la médecine à l'université

van a ver esa película mañana
ils/elles vont voir ce film demain

2 Le futur antérieur

On emploie le futur antérieur pour lier une action dans le futur à une autre action. Il indique que l'action en question aura été accomplie lorsque la deuxième action se produira (voir page 201 pour la formation du futur antérieur) :

ya lo habré hecho cuando vuelvas
je l'aurai déjà fait lorsque tu reviendras

si llegamos tarde, ya se habrá marchado
si nous arrivons en retard il sera déjà parti

Le futur antérieur peut aussi indiquer que l'action aura été terminée avant un moment particulier dans le temps :

lo habré terminado para sábado
je l'aurai fini d'ici samedi

ya habrá venido
il sera déjà arrivé

3 Pour exprimer le futur du passé

Dans une proposition subordonnée, on exprime le futur du passé soit à l'aide de l'imparfait (lorsque le locuteur s'engage personnellement) ou par le conditionnel (lorsque le locuteur ne s'engage pas). Toutefois, l'emploi du conditionnel est nettement plus courant que l'emploi de l'imparfait dans cette construction :

me dijo que iba a España la semana siguiente (imparfait)
il m'a dit qu'il irait en Espagne la semaine suivante

Il a dit **voy a España**, en faisant référence au futur. Cependant il a dit cela dans le passé, et il s'agit donc là d'un futur du passé.

me explicó que lo haría después de volver de sus vacaciones (conditionnel)
il m'a dit qu'il le ferait en rentrant de vacances

Le conditionnel passé exprime la notion de futur antérieur dans le passé :

me aseguró que habría terminado el trabajo antes de medianoche
il m'a affirmé qu'il aurait terminé le travail avant minuit

D LES PROPOSITIONS SUBORDONNEES TEMPORELLES

Une proposition subordonnée temporelle est une proposition introduite par un mot ou une locution indiquant la notion de temps comme **cuando**, **así que**, **antes de que**, etc.

 En espagnol on n'emploie jamais le futur dans une proposition subordonnée temporelle comme on le ferait en français, mais on emploie le temps du subjonctif qui convient.

Une liste des conjonctions exprimant le temps est donnée pages 240-2.

1 Le futur

Le futur est exprimé par le subjonctif présent. On n'opère pas de distinction entre un futur avec notion d'engagement de la part du locuteur et le futur sans notion d'engagement :

en cuanto llegue, se lo diré
je le lui dirai dès qu'il arrivera

¿qué harás cuando termine tu contrato?
qu'est-ce que tu feras lorsque ton contrat prendra fin ?

Remarquez que, alors que les conjonctions **mientras no** et **hasta que (no)** signifient toutes deux "jusqu'à ce que, tant que", le **no** est facultatif après **hasta que** :

no podemos hacerlo mientras no nos autoricen
nous ne pouvons pas le faire tant qu'ils ne nous y autorisent pas/ qu'ils ne nous y auront pas autorisés

no podemos mandar las mercancías hasta que (no) nos manden el pedido
nous ne pouvons pas envoyer les marchandises tant qu'ils ne nous auront pas envoyé la commande

2 Le futur antérieur

Dans une proposition subordonnée temporelle, on exprime l'idée de futur antérieur à l'aide du subjonctif passé composé :

podrás salir cuando hayas terminado tus deberes
tu pourras sortir quand tu auras fini tes devoirs

insisto en que te quedes hasta que lo hayas hecho
j'insiste pour que tu restes jusqu'à ce que tu l'aies fait

3 Le futur du passé

⚠️ **Dans une proposition subordonnée temporelle en espagnol, on exprime le futur du passé à l'aide de l'imparfait du subjonctif, et non pas à l'aide du conditionnel comme on le ferait en français :**

me aseguró que lo haría en cuanto llegara
il/elle m'a assuré(e) qu'il/elle le ferait dès qu'il/elle arriverait

nos informaron que los mandarían tan pronto como fuese posible
ils nous ont dit qu'ils nous les enverraient dès que possible

E LE PASSE

En espagnol, on distingue quatre niveaux de passé. A savoir :

le passé lié au présent	>	le passé composé
le passé achevé	>	le passé simple
le passé en train de se dérouler	>	l'imparfait
le passé éloigné dans le temps	>	le plus-que-parfait

Il convient de souligner que le temps choisi ne dépend en rien de l'action à laquelle on fait référence. Il ne dépend pas de la nature de l'action (c'est-à-dire du fait qu'il puisse s'agir d'une action unique ou répétée), pas plus qu'il ne dépend de la durée de l'action (que celle-ci ait duré une seconde ou un siècle), ni même de sa situation dans le temps (qu'elle se soit produite il y a une minute ou il y a mille ans).

Le temps que vous choisissez dépend *entièrement* de la manière dont vous percevez subjectivement l'action, particulièrement en ce qui concerne son lien avec les autres actions auxquelles vous vous référez également.

1 Le passé lié au présent

On emploie le passé composé pour faire référence à une action passée qui, bien qu'elle soit achevée, est considérée par le locuteur comme étant d'une certaine manière liée au présent. Le lien perçu entre l'action passée et le présent est souvent indiqué par la présence de verbes ou adverbes apparentés faisant référence au présent. Il n'y a pas de limite quant à l'éloignement dans le temps de l'action ou de la série d'actions.

Notez la différence fondamentale entre le français et l'espagnol en ce qui concerne l'expression du passé. En espagnol, on utilise le passé composé *uniquement* pour exprimer une action liée au présent. Une action considérée comme étant achevée et comme n'ayant aucun rapport avec le présent est *toujours* exprimée par le passé simple.

Comparez :

he visitado muchos países europeos últimamente
j'ai visité beaucoup de pays européens récemment

durante su vida visitó muchos países europeos
pendant sa vie il a visité de nombreux pays européens

en los últimos diez años he aprendido diez idiomas extranjeros
au cours des dix dernières années j'ai appris dix langues étrangères

aprendí el árabe durante un cursillo de verano
j'ai appris l'arabe pendant un stage de vacances

2 Le passé de l'action achevée

Le passé achevé indique que l'aspect de l'action (ou série d'actions) qui est le plus important aux yeux du locuteur est le fait qu'elle soit achevée. Il importe peu qu'il s'agisse ou non d'une action répétée, ou que celle-ci ait ou non duré longtemps. Si l'on insiste sur le fait que l'action est achevée, on emploiera le passé simple :

hizo esto cada día durante casi diez años
il a fait cela chaque jour pendant presque dix ans

viví en España durante más de veinte años
j'ai vécu en Espagne pendant plus de vingt ans

3 Le passé de l'action en train de se dérouler

On exprime le passé en train de se dérouler à l'aide de l'imparfait. Une action sera exprimée à l'imparfait si ce qui domine dans l'esprit du locuteur est le fait que l'action soit en cours et non pas le fait que l'action soit achevée. Il n'y a aucune limite quant à la longueur ou à la brièveté de l'action.

En général on emploie l'imparfait en espagnol là où l'on emploierait l'imparfait en français :

cuando era pequeño, iba todos los días a la piscina
lorsque j'étais petit, j'allais à la piscine tous les jours

mientras Pepe veía la televisión, Juan hacía sus deberes
pendant que Pepe regardait la télévision, Juan faisait ses devoirs

⚠ **En particulier, si une action est présentée comme se produisant pendant qu'une autre est déjà en cours, l'action qui *se produit* sera exprimée par le passé simple, tandis que l'action en cours sera exprimée par l'imparfait :**

mientras Juan llamaba a la puerta, el teléfono sonó
le téléphone a sonné pendant que Juan frappait à la porte

Comme le présent, l'imparfait a aussi une forme progressive, que l'on construit avec l'imparfait de l'auxiliaire **estar** suivi du participe présent du verbe. Là encore, la forme progressive présente l'action comme étant surtout une activité :

estábamos escuchando la radio cuando María entró
nous étions en train d'écouter la radio lorsque María est entrée

Ces exemples permettent de voir qu'il est parfaitement possible en espagnol d'employer l'imparfait ou le passé simple pour faire référence à la même action, en fonction des changements dans la perception subjective du locuteur. Ce qui suit devrait illustrer ce point :

Juan llamó a la puerta. Mientras llamaba a la puerta, el teléfono sonó. Mientras el teléfono sonaba, el bebé empezó a llorar.
Juan a frappé à la porte. Pendant qu'il frappait à la porte, le téléphone a sonné. Pendant que le téléphone sonnait, le bébé s'est mis à pleurer.

4 Expressions stylistiques du passé

a) *L'emploi du présent pour exprimer un passé simple*

Pour des raisons de style, et ce particulièrement à l'écrit, on exprime souvent le passé à l'aide d'un verbe au présent (appelé présent de narration). Cet emploi permet de rendre la narration plus vivante. C'est là un emploi comparable à l'emploi du présent de narration en français :

en el siglo quince sale Colón para América
au quinzième siècle, Colomb part pour l'Amérique

b) *L'emploi de l'imparfait pour exprimer un passé simple*

Là encore, à l'écrit, pour des raisons de style et pour rendre un récit plus vivant, l'espagnol exprime parfois une action à l'imparfait alors que l'on aurait normalement employé un passé simple :

en 1975 moría Franco y comenzaba la transición a la democracia
en 1975 Franco mourait et la transition vers la démocratie commençait

5 Le passé plus éloigné dans le temps

a) *Le plus-que-parfait*

Le passé plus éloigné dans le temps est exprimé par un plus-que-parfait. Une action appartient au passé plus éloigné dans le temps lorsque le locuteur souhaite indiquer qu'elle a été accomplie avant une autre action passée :

llegué a las tres, pero Juan ya se había marchado
je suis arrivé(e) à trois heures, mais Juan était déjà parti

no podía salir porque había perdido la llave
il ne pouvait pas sortir car il avait perdu sa clef

b) *Le passé antérieur*

En espagnol très littéraire, on emploie parfois dans une subordonnée le passé antérieur pour exprimer une action qui s'est déroulée avant une autre action passée :

cuando hubo terminado la guerra volvió a su pueblo
après que la guerre se soit terminée, il est retourné dans son village

Le passé antérieur ne s'emploie jamais à l'oral et est considéré comme très "non-moderne", même en espagnol écrit contemporain. On préfère employer le plus-que-parfait ou simplement le passé simple.

F CAS PARTICULIERS

1 Les actions à la limite du présent et du passé

a) *La limite dans le futur*

Les actions qui sont sur le point d'avoir lieu sont exprimées en espagnol par **estar a punto de** au présent ou, moins couramment, **estar para** suivi de l'infinitif :

estoy a punto de empezar
je suis sur le point de commencer

el tren está para salir
le train est sur le point de partir

On emploie l'imparfait lorsque cette idée est exprimée dans le passé :

estaba a punto de salir cuando Juan llegó
j'étais sur le point de sortir lorsque Juan est arrivé

b) *La limite dans le passé*

Les actions venant juste de se produire sont exprimées par **acabar de** au présent suivi de l'infinitif :

acabamos de ver el programa
nous venons de voir le programme

acaban de volver del cine
ils/elles viennent juste de rentrer du cinéma

Là encore, on emploie l'imparfait si cette idée est exprimée au passé :

acabábamos de poner la tele cuando entraron
nous venions juste d'allumer la télé lorsqu'ils/elles sont arrivé(e)s

2 Les actions se poursuivant d'un temps à un autre

En espagnol, on considère qu'une action qui commence dans le passé et se poursuit jusqu'à dans le présent (et pourrait se poursuivre dans le futur) appartient au présent, et on l'exprime donc au présent.

a) *Le présent + **desde (hace)***

La notion de durée est introduite par **desde** si un point de départ est indiqué ou par **desde hace** si une durée est spécifiée :

> **¿desde cuándo esperas aquí?**
> depuis quand est-ce que tu attends ici?

> **espero aquí desde hace casi media hora**
> j'attends ici depuis presque une demi-heure

> **estudio español desde 1986**
> j'étudie l'espagnol depuis 1986

> **estudio español desde hace dos años**
> j'étudie l'espagnol depuis deux ans

b) *hace + présent + **que***

On peut aussi introduire la notion de temps écoulé par **hace** suivi d'une proposition subordonnée introduite par **que** :

> **hace media hora que espero aquí**
> cela fait une demi-heure que j'attends ici

c) *llevar + participe présent*

Une autre possibilité consiste à employer le présent de **llevar** avec le participe présent du verbe :

> **llevamos tres meses aprendiendo el ruso**
> nous apprenons le russe depuis trois mois

3 Les actions qui durent dans le passé

Lorsque ces actions sont exprimées dans le passé, toutes les constructions données précédemment sont employées à l'imparfait :

> **trabajaba desde hacía diez años como profesor**
> cela faisait dix ans qu'il travaillait comme professeur

> **hacía veinte años que vivían en España**
> cela faisait vingt ans qu'ils vivaient en Espagne

> **llevaba quince minutos esperando**
> cela faisait quinze minutes que j'attendais

6 Pour Décrire une Action

A L'ADVERBE

Pour la formation des adverbes, voir page 184.

⚠ Il est très important de se souvenir que les adverbes sont
invariables et que leur forme ne change donc jamais, quel que
soit leur emploi :

entraron lenta y silenciosamente
ils/elles sont entré(e)s lentement et silencieusement

tú trabajas mucho más rápidamente que yo
tu travailles beaucoup plus rapidement que moi

1 Les locutions adverbiales

L'espagnol emploie souvent des locutions adverbiales formées
principalement avec les noms **manera** ou **modo** de préférence à de
simples adverbes :

esto nos afecta de una manera indirecta
ceci nous touche indirectement

se comportó de un modo extraño
il/elle s'est comporté(e) d'une façon étrange

On peut aussi employer d'autres combinaisons nom-adjectif :

hablar en voz alta/en voz baja
parler à voix haute/à voix basse

2 L'emploi des adjectifs

En espagnol, tout comme parfois en français, on peut employer des
adjectifs en leur donnant presque force d'adverbes. Dans ce cas les
adjectifs s'accordent avec le *sujet* du verbe :

vivieron felices durante muchos años
ils ont vécu heureux pendant de nombreuses années

le miramos atónitos
nous l'avons regardé avec étonnement

B POUR MODIFIER LA FORCE D'UN ADVERBE

1 L'emploi d'un autre adverbe

Comme en français, on peut employer un adverbe pour modifier la force d'un autre adverbe :

lo hizo increíblemente bien
il/elle l'a fait incroyablement bien

On peut mettre en valeur les adverbes de lieu et de temps en les faisant suivre de **mismo**. **Mismo** employé ainsi est invariable :

aquí mismo, ahora mismo
ici même, en ce moment même

2 Les comparatifs et les superlatifs

On forme les comparatifs et les superlatifs des adverbes exactement de la même façon que les comparatifs et les superlatifs des adjectifs (voir pages 164-6).

tú trabajas más rápidamente que yo
tu travailles plus rapidement que moi

Cependant, lorsqu'un superlatif est suivi d'une expression indiquant la possibilité, **más** est toujours précédé de **lo** :

lo hicimos lo más rápidamente posible
nous l'avons fait le plus vite possible

7 Les Relations Entre les Actions

A LE PARTICIPE PRESENT

Voir page 199 la formation du participe présent.

a) *Pour exprimer l'idée de moyen*

⚠ **Le participe présent tout seul permet d'exprimer en espagnol l'idée de "en faisant", "en allant", etc. Remarquez qu'on n'emploie aucune préposition pour traduire le "en" français :**

gané este dinero trabajando durante las vacaciones
j'ai gagné cet argent en travaillant pendant les vacances

conseguí hacerlo dejando lo demás para más tarde
j'ai réussi à le faire en remettant le reste à plus tard

b) *Pour exprimer la simultanéité de deux actions*

On emploie beaucoup le participe présent pour exprimer le fait qu'une action se déroule en même temps qu'une autre :

entró corriendo
il/elle est entré(e) en courant

"está bien", dijo sonriendo
"d'accord", a-t-il/elle dit en souriant

⚠️ **Le participe présent est invariable en espagnol. Sa forme ne change donc jamais quels que soient le genre et le nombre du sujet du verbe :**

las chicas salieron corriendo
les filles sont sorties en courant

⚠️ **Le participe présent ne s'emploie jamais comme adjectif en espagnol.**

Pour traduire en espagnol un participe présent français employé en tant qu'adjectif, on doit à tout prix éviter d'employer le participe présent du verbe espagnol :

agua corriente   **una muchacha encantadora**
eau courante   une jeune fille ravissante

c) *Après un verbe de perception*

Après un verbe de perception (voir, entendre, etc.), on peut utiliser soit le participe présent soit l'infinitif, à la différence du français, bien que l'emploi de l'infinitif soit en fait plus courant que l'emploi du participe présent :

vi a mi hermano atravesando/atravesar la calle
j'ai vu mon frère traverser la rue

d) *La cause*

Un participe présent peut aussi exprimer la cause :

estando en Madrid, decidí visitar a mi amigo
comme je me trouvais à Madrid, j'ai décidé de rendre visite à mon ami

no sabiendo cómo continuar, decidió pedir ayuda
ne sachant pas que faire ensuite, il/elle a décidé de demander de l'aide

e) *La poursuite d'une action*

On emploie le participe présent avec le verbe **seguir**, et moins fréquemment le verbe **continuar**, pour exprimer la poursuite d'une action :

siguió trabajando a pesar de todo
il/elle a continué à travailler malgré tout

continuaron repitiendo la misma cosa
ils/elles ont continué à répéter la même chose

B INFINITIF OU PROPOSITION SUBORDONNEE ?

Lorsque deux verbes sont liés en espagnol, vous devez décider soit de mettre le second verbe à l'infinitif (précédé ou non d'une préposition) soit de l'inclure dans une proposition subordonnée introduite par **que**.

Si le sujet des deux verbes est le même, vous pouvez dans la plupart des cas employer un simple infinitif. Si les sujets sont différents, vous devez, à quelques rares exceptions près, inclure le deuxième verbe dans une proposition subordonnée (et fréquemment le mettre au subjonctif). Comparez les cas suivants :

1 Lorsque les deux verbes ont le même sujet

quiero hacerlo
je veux le faire

Je ne suis pas seulement la personne qui "veut", je suis aussi la personne qui veut "le faire". Personne d'autre n'intervient ici.

entré sin verle
je suis entré(e) sans le voir

je suis entré(e) et *je* ne l'ai pas vu.

2 Lorsque les deux verbes ont chacun un sujet différent

Comparez les phrases données ci-dessus avec ce qui suit :

quiero que tú lo hagas
je veux que tu le fasses

Deux personnes interviennent ici. *Je* "veux", mais *tu* es la personne qui doit "le faire".

entré sin que él me viera
je suis entré(e) sans qu'il me voie

je suis entré(e), mais *il* ne m'a pas vu(e).

3 Les verbes avec lesquels l'infinitif peut avoir un sujet différent

Il existe un petit nombre de verbes pouvant être suivis d'un infinitif ayant un sujet différent de celui du premier verbe. Voir page 232 la liste de ces verbes :

me dejaron entrar
ils m'ont laissé entrer

4 Les infinitifs suivant des prépositions

Les exceptions les plus évidentes à la "règle générale" sont des expressions formées d'une préposition suivie d'un infinitif. Dans ce cas, l'infinitif peut avoir un sujet autre que celui du verbe principal, mais ce sujet est toujours placé *après* l'infinitif :

quiero hacerlo antes de llegar los otros
je veux le faire avant que les autres arrivent

Cependant ces expressions sont d'un style plutôt littéraire, mais même en espagnol littéraire, on emploie souvent une proposition subordonnée :

quiero hacerlo antes de que lleguen los otros
je veux le faire avant que les autres arrivent

C L'INFINITIF

1 verbe + préposition + infinitif

Un verbe employé à l'infinitif après un autre verbe peut soit apparaître seul soit être introduit par une préposition. Il existe peu de règles vraiment utiles permettant de déterminer quelle est la préposition que l'on doit employer et, dans la plupart des cas, cela s'apprend par l'observation et la pratique.

Vous trouverez une liste des prépositions accompagnant certains verbes courants pages 228-31.

2 adjectif + infinitif

Il est peut-être bon de noter ici la construction suivante, d'un emploi très fréquent en espagnol :

(complément d'objet indirect) + verbe + adjectif + infinitif

Le complément d'objet indirect peut être un pronom ou un nom. Le verbe peut être **ser**, **parecer**, **resultar** ou un verbe similaire. On peut employer un grand nombre d'adjectifs et n'importe quel verbe peut s'employer à l'infinitif après l'adjectif :

me es difícil creer lo que estás diciendo
il m'est difficile de croire ce que tu dis

nos parece absurdo proponer tal cosa
il nous semble absurde de proposer une chose pareille

⚠ **Remarquez en particulier qu'on ne traduit pas la préposition "de" en espagnol.**

On peut employer la même construction avec divers verbes
exprimant l'idée de "considérer", etc., mais dans ce cas, il n'y a pas
de complément d'objet indirect :

encuentro difícil aceptar eso
je trouve difficile d'accepter cela

consideramos poco aconsejable continuar así
nous considérons peu souhaitable de continuer ainsi

3   adjectif + *de* + infinitif

Si l'adjectif ne fait pas partie d'une expression impersonnelle, mais
se rapporte à une chose ou des choses identifiables déjà
mentionnées dans la phrase, il est alors suivi de **de** + infinitif.
L'adjectif s'accorde avec la chose que l'on décrit :

estos ejercicios son fáciles de hacer
ces exercices sont faciles à faire

encuentro este libro difícil de leer
je trouve ce livre difficile à lire

Remarquez la traduction de "à" par **de** dans cette construction.

4   *que* + infinitif

Remarquez que **que** se place devant l'infinitif dans des expressions
comme :

tengo una factura que pagar
j'ai une facture à payer

nos queda mucho trabajo que hacer
nous avons encore beaucoup de travail à faire

là où on emploie "à" en français.

D LA PROPOSITION SUBORDONNEE : INDICATIF OU SUBJONCTIF ?

Le verbe d'une proposition subordonnée est soit à l'indicatif soit au
subjonctif.

D'une manière générale, on emploie l'indicatif pour introduire ce qui
constitue *d'après le locuteur* des constatations vérifiables et sans
équivoque. Par contre, le subjonctif est employé si le locuteur pense

que les affirmations ne sont pas vraies, ou s'il ne peut, pour une raison
ou une autre, garantir qu'elles se révèleront vraies, ou si, plutôt que de
se contenter de constater les actions, il exprime un sentiment face à
celles-ci. Il peut y avoir toutes sortes de raisons à cela, par exemple :

a) *comme en français*

— s'il doute d'une affirmation ou la dément

— si les actions sont introduites par une affirmation exprimant une
   émotion ou un sentiment

b) *à la différence du français*

— si les actions n'ont pas encore été accomplies : elles appartiennent
   alors au futur et on ne peut donc pas garantir qu'elles auront lieu

— si les actions sont exprimées en tant que conditions qui ne sont pas
   réalisées ou ne peuvent pas l'être

Il est important de bien comprendre qu'il n'y a pas de règles
universelles concernant l'emploi du subjonctif en espagnol. Par
exemple, on applique des règles différentes pour faire référence au
futur suivant que l'on exprime une condition ou une émotion, etc.
Chaque cas doit être traité individuellement.

Cependant, d'une manière générale, *toute* expression impersonnelle qui
n'introduit pas une simple constatation est suivie du subjonctif :

> **es posible/probable/una pena que esté allí**
> il est possible/probable/dommage qu'il/elle soit là

Remarquez en particulier que, à la différence du français, *tous* les
temps du subjonctif (présent, imparfait, passé composé, plus-que-
parfait) sont couramment employés en espagnol. La concordance
normale des temps est la suivante :

temps de la proposition principale	*temps du subjonctif*
présent futur passé composé futur antérieur	présent, passé composé
imparfait passé simple conditionnel conditionnel passé plus-que-parfait	imparfait, plus-que-parfait

él no quería que yo entrara
il ne voulait pas que j'entre

habría querido que lo hicieras más rápidamente
j'aurais voulu que tu le fasses plus rapidement

Cependant, il ne s'agit pas là de règles immuables. Des exceptions sont possibles si le contexte l'exige.

E LE DISCOURS INDIRECT

Le discours indirect exige l'emploi de l'indicatif ou du conditionnel en espagnol, puisque le locuteur ne fait que relater des actions qu'il présente comme ayant bien eu lieu. Les temps employés en espagnol correspondent exactement à ceux employés en français :

dijo que vendría más tarde
il/elle a dit qu'il/elle viendrait plus tard

me explicó que ya lo había hecho
il/elle m'a expliqué qu'il/elle l'avait déjà fait

le contesté que no sería posible
je lui ai répondu que cela ne serait pas possible

8 Certains Verbes Spéciaux

A AVOIR

1 tener

a) **tener** exprime l'idée d'"avoir" dans le sens de "posséder" :

> **¿tienes coche?**
> est-ce que tu as une voiture ?

> **¿cuánto dinero tienes?**
> combien d'argent as-tu ?

On emploie aussi fréquemment **contar con** et **disponer de** pour traduire "avoir" dans le sens d'"avoir à sa disposition" plutôt que dans le sens de "posséder" :

> **España cuenta con nueve centrales nucleares**
> l'Espagne compte neuf centrales nucléaires

Voir aussi la section suivante.

b) *Les descriptions personnelles*

On emploie le verbe **tener** dans de nombreuses descriptions personnelles :

tengo hambre/sed	j'ai faim/soif
tiene sueño/miedo	il/elle a sommeil/peur
tenemos frío/calor	nous avons froid/chaud
tengo ganas de ir	j'ai envie d'y aller
hemos tenido suerte	nous avons eu de la chance

"Très"/"beaucoup" se traduit par **mucho** ou par un adjectif semblable :

> **tengo mucha sed**
> j'ai très soif

2 haber

a) On emploie **haber** avec le participe passé pour former les temps
composés des verbes (voir pages 201-6).

⚠️ **Remarquez que, dans ces constructions, le participe passé
est toujours invariable, quels que soient le genre et le nombre
du sujet ou du complément d'objet direct du verbe :**

las últimas películas que Carlos Saura ha dirigido son...
les derniers films que Carlos Saura a réalisés sont...

On emploie parfois **tener** avec le participe passé pour exprimer une
idée semblable à celle qu'expriment les temps composés. On ne
peut pas employer cette construction à moins que le verbe ait un
complément d'objet, et le participe passé s'accorde alors avec le
complément d'objet du verbe, qui se trouve normalement placé
après le participe passé.

ya tengo escritas las cartas
j'ai écrit les lettres

Les deux emplois suivants sont particulièrement fréquents :

tenemos pensado ir a jugar al tenis
nous pensons aller jouer au tennis

tengo entendido que ha sido un éxito
d'après ce que j'ai compris, ça a été un succès

b) *"il y a"*

"Il y a" se traduit en espagnol par **hay**. Hay est en fait la troisième
personne du singulier du présent de **haber** - **ha** - auquel se trouve
accolé le mot **y** ("là", maintenant inusité dans ce sens) :

hay mucha gente en la playa
il y a beaucoup de gens sur la plage

Il est important de réaliser que cette forme fait partie du verbe
haber, puisque ce sont les formes normales de **haber** que l'on
emploie à tous les autres temps et dans toutes les autres
constructions :

había por lo menos cincuenta personas en la habitación
il y avait au moins cinquante personnes dans la pièce

Remarquez que la forme du singulier est toujours employée, même
avec un nom au pluriel (**personas**). Remarquez également l'emploi
de l'infinitif dans la construction suivante :

debe haber otra manera de abordar el problema
il doit y avoir une autre manière d'aborder le problème

B DEVENIR

Il n'y a pas de verbe "devenir" en espagnol. La traduction de ce verbe dépend du contexte :

1 "devenir" avec un adjectif

Avec un adjectif, on exprime généralement "devenir" par **hacerse**, **ponerse** ou **volverse**. **Ponerse** indique un changement temporaire, **volverse** indique un changement plus durable :

se puso furioso cuando oyó esta noticia
il est devenu furieux en entendant cette nouvelle

se hacía oscuro fuera
il commençait à faire sombre dehors

se volvió muy antipático
il est devenu très déplaisant

2 "devenir" avec un nom

Avec un nom, on traduit généralement "devenir" par **hacerse** ou **convertirse en** :

esta empresa se ha convertido en la más importante de España
cette société est devenue la plus importante d'Espagne

se hizo diputado a los 30 años de edad
il est devenu député à l'âge de 30 ans

S'il y a une notion de réussite, on peut aussi employer **llegar a ser** :

llegó a ser presidente a pesar de todas las dificultades
il a réussi à devenir président en dépit de toutes les difficultés

3 Autres verbes

Parfois dans des cas où on emploierait le verbe "devenir" en français, on adopte une démarche tout autre en espagnol :

España ingresó en el Mercado Común en 1986
l'Espagne est devenue membre du Marché Commun en 1986

C ETRE

1 *ser* et *estar*

L'espagnol a deux verbes "être", **ser** et **estar.** D'une manière générale on peut dire que :

ser s'emploie pour *définir* les choses.

estar s'emploie pour décrire des caractéristiques pouvant changer sans pour autant modifier la définition essentielle de la chose.

Il n'est pas toujours exact de dire que **ser** décrit des caractéristiques qui sont permanentes et **estar** des caractéristiques qui ne le sont pas. Le critère de la *définition* est beaucoup plus important pour décider quel verbe employer.

Les emplois de ces verbes peuvent être divisés en trois catégories :

les cas dans lesquels l'emploi de **ser** est obligatoire
les cas dans lesquels l'emploi d'**estar** est obligatoire
les cas dans lesquels on peut employer les deux

On peut résumer ces cas ainsi :

a) *Les cas dans lesquels l'emploi de* ser *est obligatoire*

i) Lorsque le verbe "être" est suivi d'un nom, on doit toujours employer **ser**, puisqu'un nom fournit toujours au moins une définition partielle de l'objet en question.

Parmi les exemples typiques, il faut signaler les noms indiquant la profession, la nationalité ou l'origine, les noms propres, les tournures exprimant la possession, la matière, l'heure et presque toutes les tournures impersonnelles :

mi padre es minero
mon père est mineur

En espagnol, on considère la profession comme constituant au moins une partie de la "définition" d'une personne. Le fait que votre père puisse un jour perdre son travail et ne plus être alors mineur (ou même que cela puisse être un travail temporaire) n'intervient pas ici :

no somos portugueses, somos españoles
nous ne sommes pas portugais, nous sommes espagnols

España es un país interesante
l'Espagne est un pays intéressant

Notez que **es** se rapporte au nom **país** et non pas à l'adjectif **interesante**. Il se peut que l'intérêt que vous portez à l'Espagne diminue par la suite, mais l'Espagne restera un pays.

este coche es de mi madre
cette voiture est à ma mère

la mesa es de madera
la table est en bois

¿qué hora es? – son las dos de la tarde
quelle heure est-il ? – il est deux heures de l'après midi

es necesario hacerlo ahora mismo
il est nécessaire de le faire tout de suite

ii) **ser** + les adjectifs décrivant des caractéristiques essentielles

yo creo que el español es muy fácil de aprender
je crois que l'espagnol est très facile à apprendre

Le fait que certains puissent ne pas être de cet avis, ou que vous puissiez éventuellement changer d'avis plus tard, n'a aucune importance ici. Pour l'instant "facile" fait partie de votre définition de l'espagnol.

Remarquez que la couleur et la taille sont généralement considérées comme des caractéristiques essentielles en espagnol :

la plaza de toros es muy grande
l'arène est très grande

las paredes eran blancas
les murs étaient blancs

Il est possible qu'ils soient repeints d'une autre couleur plus tard, mais, pour l'instant, le fait *d'être blancs* fait partie de leur définition.

Si la couleur n'est pas considérée comme une caractéristique essentielle, on emploiera alors souvent une construction différente (et dans certains cas, un adjectif différent) :

tenía los ojos enrojecidos
il/elle avait les yeux rouges

mais :

su vestido era rojo y su sombrero también
sa robe était rouge, son chapeau aussi

iii) **ser** s'emploie avec le participe passé pour exprimer le passif en espagnol (une explication de la voix passive est donnée page 68) :

la cosecha fue destruida por las heladas
la récolte a été détruite par les gelées

b) *Les cas dans lesquels l'emploi d'***estar** *est obligatoire*

i) on doit employer **estar** pour faire référence à la position, permanente ou non, des choses et des personnes. La position d'un objet, toute permanente qu'elle puisse être, n'est pas considérée en espagnol comme faisant partie de sa définition :

estuve en la playa ayer
j'étais à la plage hier

los Pirineos están en la frontera entre España y Francia
les Pyrénées sont à la frontière franco-espagnole

Notez qu'**estar** s'emploie pour exprimer non seulement la position d'un point de vue physique, mais aussi la position d'un point de vue mental, ainsi qu'en fait toute position, quelle qu'elle soit :

estamos a favor de las negociaciones
nous sommes en faveur des négociations

estamos en contra de la política del gobierno
nous sommes contre la politique du gouvernement

el problema está en el precio
le problème réside dans le prix

ii) on emploie **estar** avec le participe présent de verbe pour former les formes progressives en espagnol :

¿qué estás haciendo? – estoy leyendo una revista española
qu'est-ce que tu fais ? – je lis un magazine espagnol

estábamos escuchando la radio cuando Juan entró
nous écoutions la radio lorsque Juan est entré

iii) on emploie habituellement **estar** avec des adjectifs servant à exprimer un état d'esprit passager et autres caractéristiques temporaires :

estoy furioso contigo
je suis furieux contre toi

estoy muy cansado, he trabajado mucho hoy
je suis très fatigué, j'ai beaucoup travaillé aujourd'hui

"être fatigué" ne fait pas partie de votre définition ! Vous serez toujours la même personne lorsque vous aurez retrouvé votre énergie.

c) *Les cas dans lesquels on peut employer l'un ou l'autre*

Avec de nombreux autres adjectifs, on peut employer **ser** ou **estar**. Votre choix dépendra de la mesure dans laquelle vous pensez que :

* l'adjectif définit la chose en question, même si cette définition n'est valable que pendant un court laps de temps, auquel cas vous emploierez **ser** :

María es muy guapa
María est très jolie

* l'adjectif ne fait que décrire une caractéristique de la chose ou personne en question, auquel cas vous emploierez **estar** :

María está muy guapa hoy
María est très jolie aujourd'hui

mi profesor es muy pesado
mon professeur est très pénible

estás muy pesado hoy
tu es vraiment pénible aujourd'hui

eres tonto
tu es sot

estás tonto
tu fais le sot

Cependant, dans une tournure impérative à la forme négative avec des adjectifs comme **pesado** et **tonto,** on n'emploiera que **ser** :

no seas tonto
ne fais pas le sot

Le fait d'être sot n'étant pas ici considéré comme un état d'esprit en espagnol, on ne peut pas employer **estar**. Cependant, on emploierait **estar** avec des adjectifs exprimant l'état d'esprit :

no estés furioso
ne sois pas furieux

d) *quelques cas particuliers*

Il existe quelques adjectifs dont la signification change selon qu'ils sont employés avec **ser** ou **estar** :

	ser	estar
bueno	bon	en bonne santé
cansado	pénible (personne)	fatigué
consciente	conscient (de qch.)	conscient (éveillé, pas inconscient)
grave	grave	gravement malade
listo	intelligent	prêt
malo	mauvais	malade
moreno	brun (cheveux)	bronzé
pesado	lourd (chose)	ennuyeux (personne)
rico	riche	mignon (enfant)
		délicieux (nourriture)
seguro	pas dangereux (chose)	sûr, certain (personne)
verde	vert (couleur)	pas mûr

D'autres modifications sont plus subtiles. Comparez **ser viejo** (être vieux) et **estar viejo** (faire vieux), **ser pequeño** (être petit) et **estar pequeño** (être petit pour son âge).

Remarquez aussi que pour traduire "être heureux/content", les Espagnols disent toujours **estar contento,** mais disent soit **ser feliz** soit **estar feliz** suivant qu'il s'agit d'une caractéristique essentielle ou d'un état d'esprit passager.

2   encontrarse, hallarse, verse, quedar

encontrarse et **hallarse** peuvent parfois remplacer **estar** :

el lago se encuentra detrás de la casa
le lac se trouve derrière la maison

no me encuentro bien hoy
je ne me sens pas bien aujourd'hui

verse et **quedar** peuvent tous deux remplacer **ser** lorsqu'ils sont employés avec un participe passé. Avec **obligado,** on emploie presque toujours **verse** de préférence à **ser** :

el gobierno se vio obligado a retirar su propuesta
le gouvernement a été obligé de retirer sa proposition

la casa quedó completamente destruida
la maison a été complètement détruite

D FAIRE

1 Pour parler du temps qu'il fait

Dans la plupart des cas, on emploie **hacer** pour parler du temps qu'il fait :

¿qué tiempo hace?	quel temps fait-il ?
hace frío/calor	il fait chaud/froid
hace buen/mal tiempo	il fait beau/mauvais temps
hace mucho sol	il y a beaucoup de soleil

Mais dans certains cas on emploie le verbe **haber** :

hace/hay mucho viento	il y a beaucoup de vent
hay neblina	il fait brumeux
había luna	c'était une nuit de lune

Etant donné que l'espagnol emploie ici exclusivement des noms, l'idée de "très"/"beaucoup de" s'exprime à l'aide de **mucho** à la forme qui convient (ou à l'aide de tout autre locution adjective ou adjectif approprié) :

hace mucho calor	**está haciendo un frío que pela**
il fait très chaud	il fait un froid de canard

2 "faire" + infinitif

Remarquez que les expressions comme "faire construire une maison", "faire peindre une pièce", etc. s'expriment en espagnol à l'aide du verbe **hacer**. Comme dans la tournure équivalente en français, le deuxième verbe est alors à l'infinitif :

se hicieron construir una casa en el campo
ils se sont fait construire une maison à la campagne

haremos ejecutar su pedido cuanto antes
nous ferons exécuter votre commande dans les plus brefs délais

E SAVOIR ET CONNAITRE

On traduit "connaître" par **conocer** et "savoir" par **saber**. Les emplois respectifs de ces verbes correspondent aux emplois de leurs équivalents français.

Lorsque l'on fait référence à des personnes, des pays, etc., on emploie toujours **conocer** (c'est-à-dire dans les cas ou on emploierait toujours "connaître" en français) :

> **conozco muy bien a Pedro**
> je connais très bien Pedro

> **no conozco España**
> je ne connais pas l'Espagne

Avec les propositions substantives, on emploie toujours **saber** :

> **sé lo que estás pensando**
> je sais ce que tu penses

> **no sé cómo ocurrió esto**
> je ne sais pas comment cela s'est produit

F CERTAINS VERBES IMPERSONNELS EN ESPAGNOL

1 Un certain nombre de verbes courants qui sont personnels en français ont des équivalents impersonnels en espagnol. Parmi ces verbes, les deux les plus fréquemment employés sont **gustar** et **parecer**.

a) *gustar*

gustar, qui veut dire littéralement "plaire", s'emploie en espagnol pour exprimer l'idée d'"aimer" quand on fait référence à des choses :

> **a Juan no le gustan estos caramelos**
> Juan n'aime pas ces bonbons (littéralement, "ces bonbons ne plaisent pas à Juan")

> **nos gusta mucho la tortilla española**
> nous aimons beaucoup la tortilla espagnole (littéralement, "la tortilla espagnole nous plaît beaucoup")

Remarquez qu'on ne traduit pas toujours "aimer" par le verbe **gustar**. On n'utilise en effet celui-ci que pour référence à des choses. Lorsque l'on fait référence à des personnes on traduit "aimer" par **querer** :

> **¡ya no me quieres!**
> tu ne m'aimes plus !

b) *parecer*

parecer, qui veut dire littéralement "sembler", s'emploie fréquemment en espagnol pour exprimer l'idée de "penser de" :

> **¿qué te parece mi nuevo coche? – me parece estupendo**
> qu'est-ce que tu penses de ma nouvelle voiture ? – je trouve qu'elle est super

> **esas ideas me parecen ridículas**
> je trouve ces idées ridicules (ces idées me semblent ridicules)

2 Certains verbes sont impersonnels dans les deux langues. Remarquez que, alors que le verbe français reste invariable, l'équivalent espagnol s'accorde avec le sujet :

a) *faltar*

> **me faltan mil pesetas**   **faltan dos horas**
> il me manque mille pesetas   il reste deux heures

hacer falta s'emploie également dans le même sens :

> **me hace falta más tiempo**
> il me faut plus longtemps

b) *quedar*

> **¿cuánto dinero te queda?**
> combien d'argent est-ce qu'il te reste ?

> **nos quedaban dos horas**
> il nous restait deux heures

c) *sobrar*

> **me sobran diez mil pesetas**   **nos sobra tiempo**
> il me reste dix mille pesetas   nous avons largement le temps

Notez aussi l'expression

> **basta y sobra**
> il y en a largement assez

9 Communiquer en Espagnol

A L'AFFIRMATION, LE DOUTE, LE DEMENTI

1 Les affirmations

Les propositions principales servant à affirmer une opinion, une pensée, etc., même vague, sont suivies de subordonnées dont le verbe est à l'indicatif, *que l'affirmation soit effectivement vraie ou non*. Il suffit que l'affirmation soit présentée comme étant vraie pour qu'on emploie l'indicatif :

tenía la impresión de que ya te habías marchado
je pensais que tu étais déjà parti

Le fait que vous soyez là n'a aucune importance ici.

supongo que vendrá
je suppose qu'il viendra

creo que tienes razón
je crois que tu as raison

Remarquez que l'espagnol emploie **que** dans des expressions comme :

creo que sí
je pense que oui

et aussi avec une négation :

creo que no
je pense que non

2 Les interrogations directes

Dans le cas d'une interrogation directe, on peut employer soit l'indicatif, soit le subjonctif dans la proposition subordonnée. Le subjonctif exprime un doute réel de la part du locuteur. Si le locuteur n'est simplement pas certain de ce qu'il dit, on emploie l'indicatif. Dans la pratique, il est plus courant d'employer l'indicatif que le subjonctif dans cette construction :

¿crees que Juan vendrá mañana?
est-ce que tu penses que Juan viendra demain ?

¿crees que Juan venga?
penses-tu que Juan viendra ? (je suspecte qu'il ne viendra pas)

3 Les verbes comme *pensar, creer, suponer*, etc., à la forme négative ou les verbes exprimant le doute ou le démenti à l'affirmative

Si un verbe comme **pensar**, **creer**, **suponer**, etc., est employé à la forme négative ou si on emploie un verbe exprimant le doute ou le démenti, le verbe de la proposition subordonnée est au subjonctif :

no creo que sea justo decir eso
je ne crois pas qu'il soit juste de dire cela

dudo que consiga hacerlo
je doute qu'il y parvienne

niego absolutamente que sea así
je nie absolument que cela soit le cas

Il est important de faire la distinction entre les déclarations d'opinion et le discours indirect. Dans le discours indirect, l'indicatif est toujours employé, que le verbe qui introduit la proposition soit à la forme affirmative ou négative :

yo no digo que el gobierno tenga razón
je ne dis pas que le gouvernement a raison

yo no dije que Juan había llegado
je n'ai pas dit que Juan était arrivé

La première de ces deux phrases constitue l'affirmation d'une opinion. La seconde relate des événements qui ont eu lieu (ou n'ont pas eu lieu) dans le passé.

4 Les verbes exprimant le doute ou le démenti à la forme négative

Si un verbe exprimant le doute ou le démenti est employé à la forme négative, on peut employer soit le subjonctif soit l'indicatif. On emploie l'indicatif si le locuteur est particulièrement certain de ce qui est dit :

no dudo que tengas/tienes razón

L'emploi de **tengas** sous-entend à peu près "je ne doute pas que tu aies raison", tandis que l'emploi de **tienes** signifie "je suis sûr que tu as raison". Comparez aussi :

no niego que sea/es posible hacerlo
je ne nie pas qu'il soit éventuellement possible de le faire/je ne nie pas qu'il soit possible de le faire

B LES CONDITIONS

En espagnol, les conditions peuvent être classées en deux grandes catégories, chacune d'elles nécessitant un emploi différent du verbe :

type	définition	verbe
conditions "aléatoires"	celles qui peuvent être ou ne pas être réalisées, celles dont l'issue n'a pas encore été décidée	indicatif
conditions non réalisées	celles qui sont présentées comme n'étant pas réalisées, celles que le locuteur pense ne pas être vraies, ou n'avoir pas été réalisées	subjonctif

Vous devez savoir avec certitude à quel type de condition vous avez affaire, puisque les règles concernant l'expression de différents types de conditions sont très différentes les unes des autres.

Si la condition est considérée comme étant aléatoire dans la mesure où elle pourrait être ou ne pas être réalisée, on emploie l'indicatif (à une exception près : voir les conditions aléatoires dans le futur ci-dessous) :

si llueve mañana, iré al cine
s'il pleut demain, j'irai au cinéma

Si la condition est considérée comme étant bel et bien irréelle, dans la mesure où elle n'a pas été réalisée ou ne peut pas être réalisée, on emploie le subjonctif dans la proposition commençant par **si** :

si fuera rico, no trabajaría
si j'étais riche, je ne travaillerais pas

Notez que les temps employés en espagnol sont, dans tous les cas, identiques au français, les différences entre les deux langues étant liées aux emplois de l'indicatif et du subjonctif.

1   Les conditions aléatoires

Les conditions aléatoires en espagnol peuvent faire référence au présent, au futur ou au passé. Elles sont exprimées de la manière suivante :

a) *Dans le présent*

Les conditions aléatoires dans le présent sont exprimées en espagnol par le présent de l'indicatif. Le verbe de la principale est généralement au présent de l'indicatif ou quelquefois à l'impératif :

si quieres evitar más problemas, cállate
si tu ne veux pas avoir d'autres problèmes, tais-toi

C'est-à-dire "si tu ne veux pas avoir de problèmes *maintenant*" ; tu peux choisir d'éviter ou non les problèmes.

si no te gusta éste, puedes tomar otro
si celui-ci ne te plaît pas, tu peux en prendre un autre

Il est en fait possible que celui-ci te plaise, auquel cas tu n'en prendras pas un autre.

b) *Dans le futur*

Les conditions liées au futur sont par définition aléatoires, leur issue n'étant pas connue au moment où l'on parle. Les conditions futures sont exprimées en espagnol par le présent de l'indicatif. Le verbe de la principale est en général au futur (qu'il exprime ou non un engagement personnel de la part du locuteur. Voir page 72).

si vuelves borracho, te mato
si tu rentres ivre, je te tue

si no lo termino a tiempo, no podré salir
si je ne le finis pas à temps, je ne pourrai pas sortir

si lo haces, te doy mil pesetas
si tu le fais, je te donne mille pesetas

⚠️ Cependant, une condition aléatoire dans le futur peut être à l'imparfait du subjonctif si le locuteur souhaite ajouter une nuance d'improbabilité. On emploie alors le conditionnel dans la principale :

si hicieras eso, los otros se enfadarían
si tu faisais cela, les autres seraient contrariés

Il s'agit là d'une hypothèse plus improbable que :

si haces eso, los otros se enfadarán
si tu fais cela les autres seront contrariés

mais elles font toutes deux référence au futur.

c) *Le passé*

Dans le cas de conditions aléatoires faisant référence au passé, on met le verbe au même temps qu'en français :

si no ha hecho sus deberes, no podrá salir
s'il n'a pas fait ses devoirs, il ne pourra pas sortir

Il pourrait en fait les avoir faits. Vous exprimez cette condition précisément parce que vous n'en êtes pas sûr. La condition peut en fait avoir été réalisée.

si lo utilizó, sabrá como funciona
s'il s'en est servi, il saura comment cela marche

Vous ne pouvez pas dire avec certitude s'il s'en est servi ou non.

si no llovía, ¿por qué estás mojado?
s'il ne pleuvait pas, pourquoi es-tu mouillé ?

2 Les conditions non réalisées

Les conditions non réalisées ne sont liées qu'au présent et au passé

a) *Le présent*

Les conditions non réalisées liées au présent sont exprimées en espagnol par l'imparfait du subjonctif. On peut utiliser l'une ou l'autre forme de l'imparfait du subjonctif. Le verbe de la principale est généralement, mais pas toujours, au conditionnel :

si Juan estuviera aquí, hablaría con él
si Juan était là, je lui parlerais

C'est-à-dire "s'il était là maintenant". Vous ne diriez pas cela à moins de penser qu'il n'est pas là. Le fait qu'il se pourrait qu'il soit là n'a aucune importance ici. Selon vous, il s'agit d'une condition non réalisée.

si tuviera dinero, iría a España
si j'avais de l'argent, j'irais en Espagne

si fuera más barato, lo compraríamos
si c'était moins cher, nous l'achèterions

Là encore, vous ne dites cela que parce que vous ne pensez pas avoir assez d'argent.

b) *Le passé achevé*

Les conditions non réalisées liées au passé achevé sont exprimées en espagnol par le plus-que-parfait du subjonctif (soit la forme **hubiera** ou la forme **hubiese**). Elles sont non réalisées dans la mesure où elles font référence à des événements qui n'ont pas en fait eu lieu. Le verbe de la principale est généralement au passé composé du conditionnel ou, moins couramment, au plus-que-parfait du subjonctif (forme **hubiera**) :

si lo hubiéramos sabido, habríamos venido
si nous l'avions su, nous serions venu(e)s

Nous ne savions pas, donc nous ne sommes pas venu(e)s.

si hubieras llegado a tiempo, le habrías visto
si tu étais arrivé(e) à temps, tu l'aurais vu

3 *como* + présent du subjonctif

Dans l'espagnol de tous les jours, on emploie fréquemment **como** + le présent du subjonctif pour exprimer une condition dans le futur. On emploie toujours le subjonctif dans cette construction bien que la condition soit aléatoire :

como llegues tarde me enfado
si tu arrives en retard je serai fâché(e)

On n'emploie pas **como** et **si** indifféremment dans tous les cas. Dans le doute, il est toujours plus prudent d'employer **si**.

4 *de* + infinitif

Dans la langue écrite d'un niveau soutenu on exprime parfois une condition en employant **de** suivi de l'infinitif :

de continuar así, suspenderá el examen
s'il continue comme ça, il va rater son examen

Pour le passé, on emploie l'infinitif passé composé :

de haberlo sabido, no habría venido
si j'avais su, je ne serais pas venu(e)

5 Les conditions négatives

Toute condition peut être mise à la forme négative en plaçant simplement **no** devant le verbe dans la subordonnée qui exprime la condition ou en employant toute autre négation :

si no haces tus deberes, no podrás salir
si tu ne fais pas tes devoirs, tu ne pourras pas sortir

Cependant, les conditions négatives peuvent aussi être exprimées par **a menos que** ou, dans un langage plus soutenu, par **a no ser que**. Ces deux locutions signifient "à moins que" et sont toujours suivies du temps qui convient au mode subjonctif :

saldremos mañana a menos que llueva/a no ser que llueva
nous sortirons demain à moins qu'il pleuve

6 Les conditions introduites par les locutions conjonctives indiquant la condition

Le verbe des subordonnées conditionnelles introduites par une locution conjonctive est toujours au subjonctif. Les plus courantes parmis ces locutions conjonctives sont les suivantes :

en caso de que	si
a condición de que	à condition que, pourvu que
con tal que	du moment que, pourvu que
siempre que	du moment que, pourvu que

en caso de que venga, se lo diré
s'il vient, je le lui dirai

puedes salir con tal que prometas volver antes de medianoche
tu peux sortir du moment que tu promets d'être de retour à minuit au plus tard

los compraremos a condición de que sean baratos
nous les achèterons à condition qu'ils soient bon marché

7 Remarques

Si **si** signifie "lorsque", "chaque fois que", il introduit alors une proposition temporelle et seul l'indicatif est employé :

si tenía mucho que hacer, nunca salía antes de las nueve
lorsque j'avais beaucoup à faire, je ne sortais jamais avant neuf heures

Si **si** a le sens de "si...ou non", il introduit une interrogation indirecte et, là encore, on emploie l'indicatif :

me preguntó si lo haría
il/elle m'a demandé si je le ferais (ou non)

no sé si vendrá
je ne sais pas s'il/si elle viendra (ou non)

C LES DEMANDES ET LES ORDRES

1 Les demandes formulées directement

a) *En espagnol courant*

Les espagnols sont relativement directs dans leur manière de formuler des demandes :

¿me pasas esa revista?
tu me passes ce magazine ?

¿me prestas mil pesetas?
tu me prêtes mille pesetas ?

On peut asssi formuler une demande moins directe en employant **poder** à la forme qui convient + infinitif :

¿puedes abrir la ventana?
est-ce que tu peux ouvrir la fenêtre ?

¿podría decirme qué hora es?
est-ce que vous pourriez me donner l'heure ?

L'emploi de l'expression **hacer el favor de** + infinitif est aussi possible pour marquer une plus grande politesse :

¿me hace el favor de cerrar la ventana?
est-ce que vous pourriez fermer la fenêtre, s'il vous plaît ?

b) *Les demandes polies*

On peut présenter une demande en employant un niveau de langue beaucoup plus soutenu, en particulier à l'écrit. Les expressions les plus courantes dans cette catégorie sont **tenga(n) la bondad de** + infinitif et **le(s) ruego que** + verbe au subjonctif :

tenga la bondad de cerrar la puerta
ayez la gentillesse de fermer la porte

Dans le langage très soutenu que l'on emploie en espagnol pour rédiger des lettres d'affaires, le **que** est parfois omis après **le(s) ruego**. N'employez pas cette tournure dans d'autre contexte que celui de la correspondance commerciale :

les rogamos nos manden dos cajas
veuillez nous envoyer deux boîtes

c) *Les demandes extrêmement polies*

Dans un niveau de langue très soutenu en espagnol, on rencontre encore parfois la forme de l'impératif **sírvase** (d'un emploi rare par ailleurs). Lorsque l'on s'adresse à plus d'une personne, on emploie alors la forme **sírvanse**. Cette construction est réservée à la correspondance commerciale et à la signalisation officielle :

sírvanse mandarnos más información
veuillez nous faire parvenir de plus amples informations

2 Les demandes indirectes

Etant donné qu'une demande indirecte fait toujours intervenir au moins deux sujets, le verbe est toujours suivi d'une proposition subordonnée dont le verbe est au subjonctif.

Le verbe le plus fréquemment employé pour introduire une demande indirecte est **pedir**. Dans un niveau de langue plus soutenu, **rogar** est encore parfois employé de préférence à **pedir** :

le pedí que se callara
je lui ai demandé de se taire

nos rogaron que les ayudáramos
ils nous ont demandé de les aider

⚠ **Il est primordial de ne pas confondre** *pedir* **et** *preguntar.*
Preguntar **signifie "poser une question" et sert à introduire une question indirecte, sans faire intervenir l'idée de demande.**

On peut exprimer une demande instante à l'aide de verbes comme **suplicar** :

me suplicó que no revelara su secreto
il m'a supplié de ne pas révéler son secret

3 Les ordres à la forme indirecte

Pour les ordres directs (l'impératif), voir pages 67, 206-7.

Un ordre indirect fait toujours intervenir au moins deux sujets. Normalement, cela entraîne l'emploi d'une proposition subordonnée dont le verbe est au subjonctif :

me dijo que lo hiciera inmediatamente
il m'a dit de le faire immédiatement

insistimos en que nos lo devuelvan ahora mismo
nous insistons pour que vous nous le rendiez immédiatement

Cependant, les verbes **mandar** et **ordenar** appartiennent à un petit groupe de verbes pouvant être directement suivis de l'infinitif (voir page 232) :

me mandó salir del edificio
il m'a ordonné de quitter le bâtiment

D LES INTENTIONS ET LES OBJECTIFS

1 Pour déclarer une intention

Pour simplement déclarer une intention, on emploie le verbe **pensar** ou l'expression **tener la intención de**, l'un et l'autre suivis de l'infinitif. A l'oral, on emploie aussi souvent la construction **tener pensado** + infinitif :

pensamos ir en coche/tenemos la intención de ir en coche
nous pensons y aller en voiture

tengo pensado salir esta noche
j'ai l'intention de sortir ce soir

2 Pour annoncer des objectifs

a) Les phrases à un seul sujet

Si la phrase fait intervenir une seule personne, les objectifs sont généralement exprimés par la préposition **para** suivie de l'infinitif. Dans un langage plus soutenu, on emploiera **a fin de, con el fin de, con la intención de, con el objetivo de** ou **con la finalidad de**, toutes ces expressions devant être suivies de l'infinitif :

lo hice para ganar un poco de dinero
j'ai fait cela pour gagner un peu d'argent

me dirijo a Vds. con el objetivo de pedir información
je vous écris pour vous demander des renseignements

Après les verbes de mouvement, l'intention est généralement exprimée par la préposition **a** suivie de l'infinitif, bien qu'on puisse aussi employer **para** :

vine aquí a hablar contigo
je suis venu(e) ici pour te parler

D'autres verbes sont suivis de différentes prépositions (voir pages 228-31, 234-9) :

luchaban por mejorar sus condiciones de vida
ils luttaient pour l'amélioration de leurs conditions de vie

b) Les phrases à deux sujets différents ou plus

Si la phrase fait intervenir plus d'un sujet, on doit alors employer **para que** suivi du subjonctif.

les ayudamos para que pudieran acabarlo pronto
nous les avons aidé pour qu'ils puissent terminer plus tôt

Les autres conjonctions données précédemment, (**a fin de**, etc.) peuvent aussi être employées. Elles sont alors suivies de **que** et du subjonctif :

me voy, a fin de que puedan empezar inmediatamente
je m'en vais afin qu'ils puissent commencer immédiatement

E MALGRE, EN DEPIT DE, BIEN QUE, ET AUTRES NOTIONS SIMILAIRES

1 Malgré, en dépit de

La façon la plus simple d'indiquer que l'on fait peu de cas d'une difficulté ou d'un obstacle consiste à employer la préposition composée **a pesar de** suivie du nom. A l'écrit, on emploie quelquefois **pese a** au lieu de **a pesar de** :

decidió continuar a pesar de las dificultades
il/elle a décidé de continuer en dépit des difficultés

2 Bien que

On exprime la notion de "bien que" soit par **aunque** ou **a pesar de que**. A l'écrit **si bien** est assez couramment employé à la place de **aunque**, mais est rarement employé dans la langue parlée.

aunque peut être suivi de l'indicatif ou du subjonctif selon la manière dont le locuteur perçoit la difficulté. L'indicatif suggère une difficulté réelle tandis que le subjonctif implique une difficulté potentielle :

no se ha puesto el abrigo aunque hace mucho frio
(indicatif)
il n'a pas mis son manteau bien qu'il fasse très froid

continuaremos aunque haya problemas (subjonctif)
nous continuerons, bien qu'il puisse y avoir des problèmes

a pesar de que est surtout employé pour faire référence à une action dans le présent ou le passé et est donc généralement suivi de l'indicatif :

lo hizo a pesar de que nadie estaba de acuerdo con él
il l'a fait bien que personne n'ait été d'accord avec lui

si bien est toujours suivi de l'indicatif :

se cambiará la ley, si bien hay mucha oposición
la loi sera modifiée bien qu'il y ait beaucoup d'opposition

A l'écrit, on emploie quelquefois la tournure **con** + infinitif pour exprimer l'idée de "bien que". Ce n'est cependant pas là un usage courant :

con ser pobres, viven bien
bien qu'ils soient pauvres, ils vivent confortablement

3 "aussi" + adjectif ou adverbe + "que" + verbe au subjonctif

En espagnol on exprime cette idée de la façon suivante : **por** + adjectif/adverbe + **que** + verbe au subjonctif :

las compraremos, por caras que sean
nous les achèterons, aussi chères qu'elles soient

no dejaré de hacerlo, por difícil que parezca
je ne manquerai pas de le faire, aussi difficile que cela puisse paraître

por bien que lo haga, no lo aceptaré
aussi bien qu'elle le fasse, je ne l'accepterai pas

4 "quoi que...", "qui que...", "où que..." etc. + verbe

Il existe deux manières d'exprimer cette idée en espagnol :

a) verbe au subjonctif + proposition relative + verbe au subjonctif. Le même verbe se trouve répété dans cette construction :

lo compraremos, cueste lo que cueste
nous l'achèterons, quel que soit son prix

no quiero verle, sea quien sea
je ne veux pas le voir, qui qu'il soit

le encontraremos, esté donde esté
nous le trouverons, où qu'il soit

b) adjectif ou pronom indéfini + **que** + verbe au subjonctif. On forme les adjectifs et pronoms indéfinis en ajoutant **-quiera** au relatif qui correspond (il n'y a pas de forme correspondante pour **lo que**) :

no quiero verle, quienquiera que sea
je ne veux pas le voir, qui qu'il soit

le encontraremos, dondequiera que esté
nous le trouverons, où qu'il soit

Lorsque l'on met le pronom ou l'adjectif au pluriel, c'est la partie qui précède **-quiera** qui est mise au pluriel. **-quiera** lui-même est invariable :

no quiero verlos, quienesquiera que sean
je ne veux pas les voir, qui qu'ils soient

COMMUNIQUER EN ESPAGNOL 115

F LA NEGATION D'UNE AFFIRMATION PRECEDENTE

1 *pero* et *sino*

On peut exprimer la notion de "mais" avec soit **pero** soit **sino**. On emploie **no...sino** pour introduire une affirmation qui s'oppose à la tournure négative qui la précède. On ne peut pas employer **pero** dans ce cas.

Comparez :

> **el coche es grande pero no cuesta mucho**
> la voiture est grande mais elle ne coûte pas cher

et:

> **el coche no es verde, sino rojo**
> la voiture n'est pas verte mais rouge

> **mi padre no es médico, sino profesor**
> mon père n'est pas médecin mais professeur

Si l'opposition est exprimée par une proposition, on emploie **sino que** :

> **no se come, sino que se bebe**
> ça ne se mange pas, ça se boit

Si l'intention ne consiste pas à marquer l'opposition, mais à ajouter une nuance d'insistance à l'affirmation qui suit, on emploie **pero sí** :

> **no conozco España, pero sí conozco Portugal**
> je ne connais pas l'Espagne, mais je connais le Portugal

> **no es moderno, pero sí interesante**
> ce n'est pas moderne, mais c'est intéressant

2 *no es que, no porque*

Ces deux expressions sont suivies d'un verbe au subjonctif :

> **no es que no tenga confianza en ti**
> ce n'est pas que je n'ai pas confiance en toi

> **lo hace no porque quiera hacerlo, sino porque no tiene más remedio**
> il le fait, non pas parce qu'il veut le faire, mais parce qu'il n'a pas le choix

G L'OBLIGATION

1 L'obligation d'ordre général

Il existe en espagnol un certain nombre de constructions permettant d'exprimer l'obligation dans un sens très général. Voici les plus courantes :

hay que + infinitif
es preciso + infinitif
es necesario + infinitif

Le degré d'obligation peut être accru comme suite :

es esencial + infinitif
es imprescindible + infinitif

Dans ces expressions, on ne s'adresse à personne en particulier. Elles ne font qu'exprimer une obligation d'ordre général.

hay que tener cuidado
il faut faire attention

¿hay que ser miembro para poder jugar aquí?
faut-il être membre pour jouer ici ?

hay que verificarlo
il faut le vérifier

será necesario verificarlo con él
il faudra vérifier cela avec/auprès de lui

2 L'obligation d'ordre personnel

Les obligations d'ordre plus personnel (c'est-à-dire celles touchant des personnes ou des groupes de personnes en particulier) sont exprimées à l'aide du verbe **deber** + infinitif ou du verbe **tener** suivi de **que** + infinitif :

tendrás que trabajar mucho
il te faudra travailler dur

tengo que terminarlo cuanto antes
je dois finir cela aussitôt que possible

debemos salir a las ocho en punto
nous devons partir à huit heures précises

La notion d'obligation peut être accentuée grâce à l'une des phrases indiquées précedemment dans la section 1 (à l'exception de **hay que**), suivi de **que** et d'un verbe au subjonctif :

es imprescindible que lo hagas ahora mismo
il faut absolument que tu le fasses maintenant

3 L'obligation d'ordre moral

L'obligation d'ordre moral s'exprime en espagnol à l'aide du conditionnel (ou, moins souvent, à l'aide de l'imparfait) du verbe **deber**, suivi de l'infinitif :

deberíamos ir a verle
nous devrions aller le voir

Il ne s'agit pas là d'une obligation dans le sens où vous êtes obligés d'aller le voir, mais dans le sens où vous pensez que c'est là votre "devoir".

Pour mettre cette notion au passé, utilisez l'infinitif passé après **deber** au conditionnel :

deberíamos haberlo hecho antes
nous aurions dû le faire plus tôt

no deberías haber bebido tanto
tu n'aurais pas dû boire autant

⚠️ Remarquez que c'est le verbe à l'infinitif que l'on met au passé en espagnol, et non pas le verbe *deber*.

4 Pour obliger quelqu'un à faire quelque chose

Cette notion est généralement exprimée par **obligar** ou **forzar** + **a** + infinitif. On peut aussi employer **hacer** + infinitif :

me obligaron a salir
ils m'ont obligé à partir

me hizo levantarme temprano
il m'a fait me lever tôt

Lorsque le verbe **obligar** est employé à la voix passive, **verse** est presque toujours préféré à **ser** :

me vi obligado a devolverlo
je me suis vu dans l'obligation de le rendre

H LA PERMISSION, L'INTERDICTION

1 La permission ou l'interdiction en général

Les formes les plus répandues pour exprimer la permission et l'interdiction sont construites avec le verbe **poder** :

¿puedo pasar?   **¿se puede aparcar por aquí?**
est-ce que je peux entrer ?   est-ce qu'on peut se garer par ici ?

no puedes pasar ahora
tu ne peux pas entrer maintenant

L'expression d'interdiction qui correspond à **se puede** est **se prohíbe, está prohibido** ou simplement **prohibido.** On les trouve principalement dans la signalisation officielle :

prohibido/se prohíbe pisar el césped
interdiction de marcher sur la pelouse

On peut employer la tournure emphatique suivante :

queda terminantemente prohibido cruzar la vía
interdiction formelle de traverser la voie

2 La permission, la prévention et l'interdiction lorsqu'il s'agit d'une personne en particulier

Les verbes les plus couramment employés pour exprimer la permission et l'interdiction sont de ceux qui peuvent être suivis d'un infinitif ayant un sujet différent (voir page 232). Ceci évite en général l'emploi d'une proposition subordonnée :

me dejaron entrar pero me impidieron verle
ils m'ont laissé entrer mais ils m'ont empêché de le voir

nos prohibieron fumar
ils nous ont interdit de fumer

Notez la phrase suivante, d'un usage très courant :

¿me permite?
je peux ?/vous permettez ?

Dans de nombreux cas, on peut employer un simple impératif :

no digas tacos
ne dis pas de gros mots

I LA POSSIBILITE, L'IMPOSSIBILITE

1 Dans un sens personnel

a) *poder et les verbes ayant le même sens*

La manière la plus simple d'exprimer la possibilité est d'employer le verbe **poder** :

no podré venir mañana
je ne pourrai pas venir demain

no habríamos podido hacerlo sin ti
nous n'aurions pas pu le faire sans toi

Les verbes **conseguir** et **lograr** sont employés dans le même sens (**conseguir** est le plus usité) :

no conseguimos llegar a tiempo
nous ne sommes pas parvenu(e)s à arriver à l'heure

logramos evitar un conflicto
nous avons réussi à éviter un conflit

Une autre possibilité consiste à employer l'expression impersonnelle **ser (im)posible**. La personne pour laquelle l'action est (im)possible devient complément d'objet indirect :

no me será posible venir
je ne pourrai pas venir (il ne me sera pas possible de venir)

nos fue imposible resolver el problema
nous n'avons pas pu résoudre le problème

resultar est quelquefois employé à la place de **ser** :

me resultó imposible hacer lo que quería
je n'ai pas pu faire ce qu'il/elle voulait

b) *Les verbes de perception*

Comme en français, on n'emploie "pouvoir" avec les verbes de perception (voir, entendre, etc.) que si l'on souhaite suggérer l'existence d'un obstacle quelconque :

¿me oyes?	**no podía verle por la niebla**
tu m'entends ?	je ne pouvais pas le voir à cause du brouillard

2 En général

a) *quizá, quizás, tal vez*

La possibilité, dans un sens plus général, (c'est-à-dire non pas "pouvoir faire quelque chose" mais la possibilité que quelque chose ait lieu ou non) peut s'exprimer à l'aide des adverbes **quizás**, **quizá** ou **tal vez**. **quizás** et **quizá** sont plus fréquemment employés.

Ils peuvent être suivis de l'indicatif ou du subjonctif, selon la probabilité de la réalisation de l'événement selon vous. L'indicatif exprime un plus grand degré de certitude que le subjonctif :

quizás venga mañana, no sé (subjonctif)
il viendra peut-être demain, je ne sais pas

tal vez tienes razón (indicatif)
tu as peut-être raison

b) *Les formes verbales*

poder peut aussi s'employer pour exprimer une possibilité d'ordre général :

puede haber cambios importantes dentro de poco
d'importants changements pourraient se produire bientôt

On peut aussi traduire cette idée à l'aide des expressions impersonnelles **es posible que** et **puede que** suivies de la forme du subjonctif qui convient :

es posible que venga mañana
il se peut qu'il vienne demain

puede que no sea verdad
cela pourrait ne pas être vrai

En fait, toute expression impersonnelle traduisant l'idée de possibilité ou d'événement fortuit est suivie du subjonctif :

existe la posibilidad de que surjan problemas
il existe une possibilité que des problèmes surgissent

Notez l'expression suivante :

parece mentira que esto haya ocurrido
il semble impossible que cela se soit produit

J LA PROBABILITE, L'IMPROBABILITE

L'adverbe **probablement** (comme tous les adverbes) n'influe en rien sur le mode (indicatif ou subjonctif) du verbe :

probablemente vendrá mañana
il viendra probablement demain

Cependant, toute expression impersonnelle de probabilité ou d'improbabilité est suivie d'une proposition subordonnée dont le verbe est au subjonctif, comme en français :

es probable que salga por la tarde
je sortirai probablement ce soir (il est probable que je sorte)

es improbable que vuelva
il ne reviendra vraisemblablement pas (il est improbable qu'il revienne)

me parece increíble que consiga hacerlo
il me semble invraisemblable qu'il réussisse à le faire

tenemos que aceptar la probabilidad de que esto ocurra
il nous faut accepter le fait que cela se produira probablement

K LE REMERCIEMENT

1 Quelques tournures simples pour exprimer le remerciement

a) gracias et les termes équivalents

La tournure la plus simple servant à exprimer le remerciement est bien sûr **gracias**. Etant donné que le fait de remercier quelqu'un fait toujours intervenir une notion d'échange (vous remerciez quelqu'un pour ce qu'il ou elle vous a donné ou pour ce qu'il ou elle a fait pour vous), la préposition employée avec **gracias** est toujours **por** (voir page 30) :

muchas gracias por el regalo
merci beaucoup pour le cadeau

me dio las gracias por el regalo
il m'a remercié pour le cadeau

Un verbe employé après **gracias** peut être a l'infinitif simple ou à l'infinitif passé :

gracias por ayudarme/haberme ayudado
merci de m'avoir aidé

De même, tout nom ou adjectif exprimant le remerciement ou la gratitude est suivi de **por** :

queremos expresar nuestro reconocimiento por todo
nous souhaitons exprimer notre gratitude pour tout (ce que vous avez fait)

b) *agradecer*

Dans un langage plus soutenu, **gracias** est presque toujours remplacé par le verbe **agradecer** à la forme qui convient. **Agradecer** constitue une exception à ce qui a été dit précédemment dans la mesure où l'idée de "pour" est sous-entendue dans le verbe :

⚠ *agradecer* n'est suivi d'aucune préposition en espagnol :

les agradecemos su cooperación en este asunto
nous vous remercions de votre coopération dans cette affaire

nos agradecieron nuestra ayuda
ils nous ont remerciés pour notre aide

2 Les propositions subordonnées

Le verbe d'une proposition subordonnée placée après une expression de gratitude se met au subjonctif. Voici les deux tournures les plus courantes :

agradeceremos mucho que nos ayuden
agradeceríamos mucho que nos ayudasen

Ces deux expressions constituent l'équivalent en espagnol de "nous vous serions reconnaissants de bien vouloir nous aider". Tous deux s'emploient en toute occasion, malgré la différence dans les temps employés.

Dans le langage soutenu employé en espagnol dans la correspondance commerciale, on peut omettre le **que** de cette expression. N'employez pas cette tournure dans d'autres contextes :

agradeceremos nos manden diez cajas
nous vous serions reconnaissants de bien vouloir nous envoyer dix boîtes

L LES SENTIMENTS, LES CRAINTES, LES ESPOIRS, LES REGRETS

1 Les sentiments

a) *Les phrases à un seul sujet*

L'expression d'un sentiment, lorsqu'il n'y a qu'un seul sujet, est suivie du verbe à l'infinitif :

estamos muy contentos de veros
nous sommes très heureux de vous voir

"Nous" sommes contents et "nous" vous voyons - il n'y a qu'un sujet.

espero poder hablar con él mañana
j'espère pouvoir lui parler demain

b) *Les phrases à plus d'un sujet*

Cependant, s'il y a plus d'un sujet, l'expression d'un sentiment est suivie d'un verbe au subjonctif. Les sentiments vont de l'approbation à la désapprobation, du plaisir à la colère, etc. :

me alegra que pienses así
je suis heureux que tu sois de cet avis

⚠ **Remarquez que, bien que l'imparfait du subjonctif soit de nos jours inusité en français, ce n'est absolument pas le cas en espagnol et l'imparfait du subjonctif doit être employé lorsque l'on fait référence au passé. Par exemple :**

le molestó que no estuviéramos de acuerdo con él
cela l'ennuyait que nous ne soyons pas d'accord avec lui

L'expression d'un sentiment peut être implicite dans une construction impersonnelle :

es triste/lógico/natural/una pena que sea así
il est triste/logique/naturel/dommage qu'il en soit ainsi

Toutes ces expressions impliquent un sentiment (même implicite) de la part du locuteur plutôt qu'une simple constatation.

Remarquez que, comme en français, le verbe n'est au subjonctif que s'il se trouve dans une proposition introduite par **que** dépendant directement de l'expression du sentiment. Si la proposition est introduite par **porque** ou si elle dépend d'un autre verbe, on n'emploie pas le subjonctif :

estaba triste porque todos le habían abandonado
il était triste parce que tout le monde l'avait abandonné

se puso furioso al ver que nadie le escuchaba
il est devenu furieux en voyant que personne ne l'écoutait

Dans ce dernier cas, la proposition dépend du verbe **ver**, non pas de l'expression du sentiment.

2 La crainte

a) *"craindre quelque chose/avoir peur de quelque chose"*

La manière la plus simple d'exprimer la crainte est d'employer une locution comme **tener miedo a**, ou, moins couramment, le verbe **temer**. Remarquez que l'on peut employer la préposition **a** ou **de** avec **tener miedo** (alors qu'en français on dit "avoir peur de") :

tengo miedo a los perros
j'ai peur des chiens

Dans l'espagnol de tous les jours, la locution **dar miedo** s'emploie aussi :

me dan miedo las arañas
les araignées me font peur

b) *"avoir peur de/craindre que"* + verbe

Les règles indiquées précédemment (page 123) concernant les cas dans lesquels il y a un ou plusieurs sujets sont également valables ici :

me da miedo salir por la noche
j'ai peur de sortir la nuit

temo que surjan problemas imprevistos
je crains que des problèmes imprévus ne se présentent

⚠ Remarquez que le verbe après *temer*, etc. n'est pas précédé par *no* en espagnol.

L'expression "je crains que" est parfois employée en français pour indiquer un fait ou une possibilité, sans vraiment suggérer la peur. **Temer** peut aussi avoir ce sens en espagnol et est souvent employé à la forme réfléchie dans ce contexte.

Dans ce cas **temerse** peut être suivi de l'indicatif ou du subjonctif. L'indicatif est employé pour faire une constatation :

me temo que lo ha perdido
je crains qu'il ne l'ait perdu (il l'a en effet perdu)

Le subjonctif suggère la possibilité que quelque chose se soit produit :

me temo que lo haya perdido
je crains qu'il ne l'ait perdu (il l'a peut-être perdu)

c) *Autres expressions*

D'autres expressions exprimant une crainte réelle sont aussi suivies du subjonctif :

se escondió por miedo a que se burlasen de él
il s'est caché de peur qu'ils se moquent de lui

3 L'espoir

a) *"espérer" + nom*

Ceci est traduit simplement par **esperar** + construction directe :

esperábamos una respuesta más positiva
nous espérions une réponse plus positive

b) *"espérer" + verbe*

Dans ce contexte, "espérer" est là encore généralement exprimé par le verbe **esperar**. Dans ce sens, **esperar** peut être suivi de l'indicatif ou du subjonctif (**esperar**, lorsqu'il signifie "attendre", est toujours suivi du subjonctif).

Lorsqu'il est suivi de l'indicatif, **esperar** exprime l'enthousiasme. Lorsqu'il est suivi du subjonctif, il exprime un espoir réel.

Comparez :

espero que vendrá (indicatif)
j'espère qu'il viendra

Je compte sur sa venue. Je serai déçu/contrarié s'il ne vient pas.

espero que tenga éxito (subjonctif)
j'espère que vous réussirez

Il s'agit là bien d'un espoir, et l'idée de "compter sur" n'est pas sous-entendue comme cela était le cas précédemment.

c) *Les expressions impersonnelles*

Les expressions impersonnelles d'espoir sont suivies du subjonctif :

hay pocas esperanzas de que venga
il y a peu de chances qu'il vienne

mi ilusión es que un día se resuelva el problema
mon espoir, c'est qu'un jour le problème soit résolu

d) *ojalá*

Dans la langue parlée **ojalá** est souvent employé pour introduire une expression d'espoir. **Ojalá** est invariable, sa forme ne change jamais et il est toujours suivi du subjonctif :

ojalá no llueva mañana
j'espère qu'il ne pleuvra pas demain

ojalá venga
j'espère qu'il viendra

4 Le regret

a) *Pour s'excuser de quelque chose*

La façon la plus simple de s'excuser consiste bien sûr à dire **perdón, perdone** (impératif) et **lo siento**. Ces expressions diffèrent dans la mesure où **perdón** et **perdone** reviennent toutes deux à demander pardon, tandis que **lo siento** exprime directement le regret :

¡ay, perdona! no te vi
oh, pardon ! je ne t'avais pas vu

Dans ce cas, on emploie la forme de l'impératif correspondant à **tú** (perdona).

lo siento, pero no será posible terminarlo hoy
je suis désolé(e), mais il ne sera pas possible de le terminer aujourd'hui

Lorsque la chose ou l'action que l'on regrette est indiquée explicitement, on n'emploie pas le **lo** de **lo siento**. L'idée de "pour" ou "de" est sous-entendue dans le verbe et n'est pas explicitement indiquée en espagnol :

sentimos la molestia
nous regrettons de vous avoir dérangé

Dans un niveau de langue plus soutenu, on emploie souvent **lamentar** de préférence à **sentir** :

lamentamos la molestia que les hemos causado
nous regrettons les désagréments que nous vous avons occasionnés

b) "regretter" + verbe

S'il n'y a qu'un sujet, on emploie l'infinitif. Autrement, on doit employer une proposition dont le verbe est au subjonctif, comme en français :

sentimos tener que molestarle
nous regrettons de devoir vous déranger

sentimos mucho que no hayas podido hacerlo
nous regrettons beaucoup que tu n'aies pas pu le faire

Là encore, la proposition doit dépendre directement du verbe qui exprime le regret. Si elle dépend d'un autre verbe, on emploiera alors l'indicatif, comme en français :

lamentamos informarles que ya no están disponibles
nous regrettons de vous informer qu'ils ne sont plus disponibles

Ici la proposition dépend de **informar** et non pas de **lamentamos**.

M LES SOUHAITS, LES DESIRS, LES PREFERENCES

1 Les phrases à un seul sujet

Si la phrase ne fait intervenir qu'un seul sujet, on emploie un simple infinitif :

quiero hablar contigo
je voudrais te parler

preferiría salir ahora
je préférerais sortir maintenant

valdría más empezar en seguida
il serait mieux de commencer tout de suite

L'expression d'un souhait peut toujours être "atténuée" en espagnol en employant le subjonctif de l'imparfait de **querer** :

quisiéramos comer ahora
nous aimerions manger maintenant

2 Les phrases à plus d'un sujet

Dans ce cas, le verbe exprimant le souhait doit être suivi d'une proposition subordonnée dont le verbe est au subjonctif, comme en français :

quiero que lo hagan ellos mismos
je veux qu'ils le fassent eux-mêmes

me gustaría que Vds. empezaran en seguida
je voudrais que vous commenciez maintenant

hubiera preferido que escogiera otra cosa
j'aurais préféré que vous choisissiez autre chose

N LA SUPPOSITION

1 Le futur

Outre les verbes de supposition habituels (par exemple **suponer**), la manière la plus simple d'exprimer la supposition en espagnol est d'employer le futur pour une supposition formulée dans le présent, et le conditionnel pour une supposition formulée dans le passé :

supongo que vendrá   **la casa estará por aquí**
je suppose qu'il viendra   la maison doit être par ici

¿qué hora es? – serán las once
quelle heure est-il ? – il doit être environ onze heures

serían las cinco más o menos cuando llegó
il devait être environ cinq heures lorsqu'il est arrivé

2 *deber de* + infinitif

On peut aussi exprimer la supposition à l'aide du verbe **deber** suivi de **de** + infinitif. (A ne pas confondre avec **deber** suivi directement d'un infinitif, qui exprime l'obligation) :

debes de estar cansado después de tanto trabajo
tu dois être fatigué(e) après avoir tant travaillé

10 Les Nombres, l'Heure, etc.

A LES NOMBRES

1 Les nombres cardinaux

Voir pages 243-5 pour les formes des nombres cardinaux.

Remarquez que, bien que la plupart des nombres soient invariables (c'est-à-dire que leur formes ne changent jamais), **uno** et toutes les centaines de 200 à 900 compris prennent la marque du féminin. C'est une faute très répandue que de ne pas faire l'accord pour ces centaines :

me costó quinientas pesetas
ça m'a coûté cinq cents pesetas

acudieron doscientas personas
deux cents personnes sont venues

uno s'accorde aussi lorsqu'il fait partie d'un nombre composé, comme cela est le cas de "un" en français :

veintiuna pesetas
vingt et une pesetas

(On entend parfois dire **veintiuna peseta** en espagnol de tous les jours, mais il s'agit là d'un usage à ne pas imiter).

⚠ Remarquez qu'il n'y a pas, dans la langue de tous les jours, d'équivalent espagnol pour le nom français "milliard". On traduit "milliard" en espagnol par *mil millones* :

el gobierno invertirá mil millones de pesetas
le gouvernement investira un milliard de pesetas

Le mot *millardo* a été introduit récemment mais n'est pas encore passé dans la langue usuelle.

2 Les nombres ordinaux

Voir page 245 pour la formation des nombres ordinaux.

Ceux-ci sont rarement employés au delà de **décimo**, et sont alors souvent remplacés par des nombres cardinaux qui se placent *après* le nom :

vivo en el tercer piso
j'habite au troisième étage

mais :

vivía en el piso doce   **en el siglo veinte**
j'habitais au douzième étage   au vingtième siècle

3 Pour exprimer les nombres approximatifs

On exprime un nombre approximatif pour n'importe quel multiple de dix, en supprimant la dernière voyelle et en y ajoutant le suffixe **-ena**. Cependant ces nombres sont d'un emploi très rare au delà de quarante :

una veintena de muchachos
une vingtaine de garçons

Certains autres nombres, également formés de cette façon, sont devenus des noms à part entière en espagnol, comme en français :

una docena   une douzaine
una quincena   une quinzaine de jours

Les formes correspondantes de **ciento** et **mil** sont **centenar** et **millar,** bien que l'on puisse aussi employer **cientos** et **miles** :

vinieron millares de hinchas
des milliers de fans sont venus

⚠ Attention : c'est une faute fréquente que de traduire *millar* par "milliard" en français.

Les nombres approximatifs peuvent aussi s'exprimer à l'aide de divers termes comme **en torno a, alrededor de, aproximadamente, más o menos,** ou l'article du pluriel **unos** (**a eso de** n'est employé que pour faire référence à l'heure) :

había aproximadamente cincuenta personas en la sala
il y avait une cinquantaine de personnes dans la pièce

llegaron unos diez hombres
une dizaine d'hommes sont arrivés

cuesta unas dos mil pesetas
cela coûte environ deux mille pesetas

Notez aussi les tournures suivantes :

se lo dije hasta veinte veces   **por lo menos doscientos**
je le lui ai dit au moins vingt fois   au moins deux cents

cuarenta y tantos   **unos pocos, unos cuantos**
une quarantaine   quelques, quelques-uns

4 Les fractions et les nombres décimaux

a) *Les fractions*

On n'emploie aucun article devant l'adjectif *medio* :

esperamos media hora
nous avons attendu pendant une demi-heure

Notez que **medio** s'accorde en genre avec son nom :

dos horas y media
deux heures et demie

seis millones y medio de turistas franceses
six millions et demi de touristes français

b) *Les nombres décimaux*

Comme en français, on indique la fraction décimale à l'aide d'une virgule en espagnol :

dos coma siete por ciento (2,7 por 100)
deux virgule sept pour cent

En espagnol de tous les jours, le mot **coma** est souvent remplacé par **con** :

cinco con cuatro millones (5,4 millones)
cinq millions quatre cent mille

B LE TEMPS

1 L'heure

On exprime l'heure de la façon suivante :

¿qué hora es?   **es la una**
quelle heure est-il ?   il est une heure

son las tres	**son las diez**
il est trois heures	il est dix heures

On emploie les articles définis du féminin parce que les mots **hora** ou **horas** sont sous-entendus.

On indique les minutes de la façon suivante :

son las tres y cinco	il est trois heures cinq
son las siete y cuarto	il est sept heures un quart
son las ocho y veinticinco	il est huit heures vingt-cinq
son las once y media	il est onze heures et demie
es la una menos diez	il est une heure moins dix
son las cuatro menos cuarto	il est quatre heures moins le quart

"à" se traduit par **a** :

a mediodía, a medianoche	à midi, à minuit
a las seis y diez	à six heures dix

Notez également les expressions suivantes :

a las diez en punto	à dix heures pile
a eso de las ocho	à huit heures environ
a las tres y pico	peu après trois heures
¿qué hora tienes?	quelle heure as-tu ?
tengo las ocho	il est huit heures (à ma montre)
daban las diez	dix heures sonnaient

Afin de préciser l'heure, la journée est divisée en sections :

la madrugada	de minuit à l'aube
la mañana	de l'aube à midi
el mediodía	de midi au début de l'après-midi
la tarde	du début de l'après-midi à la tombée de la nuit
la noche	de la tombée de la nuit à minuit

madrugada peut être remplacé par **mañana**. L'emploi de **madrugada** sert à insister sur le fait que le locuteur considère qu'il est très tôt le matin ou très tard dans la nuit :

me levanté/me acosté a las dos de la madrugada
je me suis levé(e)/je me suis couché(e) à deux heures du matin

a las tres de la madrugada	à trois heures du matin
a las diez de la mañana	à dix heures du matin
a la una del mediodía	à une heure de l'après-midi
a las cinco de la tarde	à cinq heures de l'après-midi
a las diez de la noche	à dix heures du soir

Pour indiquer des horaires (de train, d'autobus, etc.) ainsi que dans les annonces de nature officielle on emploie aussi les heures de 13 à 24 heures, mais ce n'est pas le cas dans la conversation courante :

a las quince treinta y cinco
à quinze heures trente-cinq

Si l'on ne spécifie pas l'heure précise, on peut indiquer le moment de la journée en employant la préposition **por** :

salieron por la mañana
ils/elles sont sorti(e)s ce/le matin

volveremos por la tarde
nous reviendrons cet/l'après-midi

Notez aussi :

anoche	hier soir, la nuit dernière
ayer	hier
antes de ayer/anteayer	avant-hier
mañana	demain
pasado mañana	après-demain
ayer por la mañana	hier matin
mañana por la noche	demain soir
dos veces por hora	deux fois par heure
ochenta kilómetros por hora	quatre-vingts kilomètres à l'heure
de una vez por todas	une bonne fois pour toutes

2 Les jours de la semaine

Voir page 246 la liste des jours, des mois, et des saisons.

En espagnol pour faire référence à un jour en particulier on emploie l'article défini masculin au singulier. Pour traduire l'idée de "tous les" on emploie l'article défini masculin au pluriel :

fuimos al cine el sábado
nous sommes allé(e)s au cinéma samedi

vamos a la playa los domingos
nous allons à la plage le dimanche

el lunes por la mañana	**los lunes por la mañana**
lundi matin	le lundi matin

Notez aussi :

el miércoles pasado	**el sábado que viene**
mercredi dernier	samedi prochain

dos veces al día
deux fois par jour

cinco veces a la semana
cinq fois par semaine

diez mil pesetas por semana
dix mille pesetas par semaine

3 La date

"le premier" peut se traduire par **el primero** ou **el uno**. Toutes les autres dates ne s'expriment qu'à l'aide du nombre cardinal qui convient.

"le..." se traduit simplement par l'article défini masculin, ou en faisant précéder le nombre de **el día**, sauf au début d'une lettre, où l'on ne met pas d'article :

**¿a cuántos estamos hoy?/¿a qué día del mes estamos?/
¿qué día es hoy?**
quelle est la date d'aujourd'hui ?/le combien sommes-nous aujourd'hui ?

hoy estamos a dos
aujourd'hui, nous sommes le deux

llegaremos el 12 de febrero
nous arriverons le 12 février

salieron el día 9
ils/elles sont parti(e)s le 9

Lorsque l'on écrit la date en toutes lettres, le mois et l'année sont introduits par **de** :

el quince de octubre de mil ochocientos ochenta y ocho
le quinze octobre mille huit cent quatre-vingt-huit

Notez aussi les tournures suivantes :

el siglo veinte
le vingtième siècle

el siglo dieciocho
le dix-huitième siècle

en los años treinta

dans les années trente

**la España de los años
ochenta**
L'Espagne des années quatre-vingts

a principios/primeros de enero
a mediados de marzo
a finales/fines de octubre

au début janvier
à la mi-mars
à la fin octobre

en lo que va de año
jusqu'à présent cette année

a lo largo del año
tout au long de l'année

dos veces al mes
deux fois par mois

cuatro veces al año
quatre fois par an

4 Les saisons

Les noms de saisons sont précédés de l'article défini, sauf si l'on emploie la préposition en :

la primavera es muy agradable en España
le printemps est très agréable en Espagne

iremos a España en otoño
nous irons en Espagne en automne

5 L'âge

L'âge s'exprime de la façon suivante :

¿cuántos años tienes?　　　　　**¿qué edad tiene tu hermano?**
quel âge as-tu ?　　　　　　　　　quel âge a ton frère ?

tengo diecisiete años
j'ai dix-sept ans

Notez les expressions suivantes :

ronda los cuarenta　　　　　　**hoy cumplo veinte años**
il/elle a la quarantaine　　　　　　j'ai vingt ans aujourd'hui

la juventud　　　　　　　　　　**la tercera edad**
la jeunesse, les jeunes　　　　　　le troisième âge

6 Quelques expressions de temps utiles

hoy en día, hoy día	actuellement, de nos jours
hoy por hoy	de nos jours
en la actualidad	à l'heure actuelle
a corto/medio/large plazo	à court/moyen/long terme
hace diez años	il y a dix ans
diez años antes	dix ans plus tôt
a partir de ahora	à partir de maintenant
de aqui/hoy en adelante	à partir de maintenant
en el futuro	à l'avenir
en el porvenir	à l'avenir
en lo sucesivo (*langage soutenu*)	à l'avenir
en lo venidero (*langage soutenu*)	à l'avenir
en los años venideros	dans les années à venir
al día siguiente	le lendemain
la próxima semana	la semaine prochaine
la semana siguiente	la semaine suivante
la semana anterior	la semaine précédente

C LES PRIX/LES MESURES/LES POURCENTAGES

1 Les prix

Le prix pour une quantité donnée s'exprime à l'aide de l'article défini :

este vino cuesta doscientas pesetas el litro
ce vin coûte deux cents pesetas le litre

lo vendían a mil pesetas el kilo
ils le vendaient mille pesetas le kilo

Notez aussi les tournures suivantes :

¿cuánto cuestan/valen las manzanas?
¿a cómo se venden las manzanas?
combien coûtent les pommes ?

2 Les mesures

On exprime les mesures en employant soit l'adjectif, soit le nom correspondant à la mesure en question (longueur, hauteur, largeur, etc.) :

¿cuál es la altura del muro?
combien le mur fait-il de hauteur ?

el muro tiene dos metros de alto/altura
le mur fait deux mètres de haut

la calle tiene cien metros de largo/longitud
la rue fait cent mètres de long

Remarquez l'accord de l'adjectif dans la construction suivante :

la calle es cien metros de larga
la rue fait cent mètres de long

Notez aussi les tournures suivantes :

¿cuánto pesas?
combien est-ce que tu pèses ?

¿cuánto mides?
combien est-ce que tu mesures ?

mide casi dos metros
il mesure presque deux mètres

tiene una superficie de cien metros cuadrados
cela fait cent mètres carrés de superficie

tiene una capacided de dos metros cúbicos
cela a une capacité de deux mètres cubes

On introduit toujours la distance par la préposition **a** :

¿a qué distancia está la playa?
à quelle distance se trouve la plage ?

a unos cinco kilómetros
à peu près cinq kilomètres

3 Les pourcentages

Les pourcentages en espagnol sont toujours précédés d'un article
défini ou indéfini. L'emploi de l'article défini ou indéfini ne change
pas le sens de la phrase :

la inflación ha aumentado en un diez por ciento
l'inflation a augmenté de dix pour cent

**el treinta por ciento de la personas entrevistadas no
contestó**
trente pour cent des personnes interrogées n'ont pas répondu

En espagnol, on écrit généralement les pourcentages de la façon
suivante : **76 por 100 (ciento)**, etc. **100 por 100** se dit presque
toujours **cien por cien**.

Le pourcentage en fonction duquel un chiffre augmente ou diminue
est introduit en espagnol par la préposition **en**. Voici les verbes les
plus fréquemment employés dans ce contexte :

Augmentation :

aumentar, incrementar, crecer, subir

Diminution :

caer, bajar, reducir(se)

hemos reducido nuestros precios en un 15 por 100
nous avons baissé nos prix de 15 pour cent

Si l'augmentation ou la diminution ne sont pas exprimées à l'aide
d'un pourcentage, on n'emploie généralement pas de préposition :

los precios han bajado treinta pesetas
les prix ont baissé de trente pesetas

11 La Structure de la Phrase

Il ne faut pas confondre la notion de "structure de la phrase" et celle d'"ordre des mots". Le terme "structure de la phrase" fait référence à la place occupée par les différentes *parties qui forment la phrase*, et non pas à la place de chaque mot. Chacune de ces parties peut se composer de plusieurs mots. Par exemple dans une phrase comme :

el padre del amigo de mi hermano trabaja en Santander
le père de l'ami de mon frère travaille à Santander

les mots "el padre del amigo de mi hermano" forment ensemble le sujet du verbe "trabaja". Le verbe, lui, occupe la deuxième *place* dans la phrase bien qu'il soit en fait le huitième *mot* de la phrase.,

Les éléments les plus importants de toute phrase quelle qu'elle soit sont le verbe, le sujet du verbe (la personne ou la chose qui fait l'action exprimée par le verbe) et le complément d'objet ou le complément circonstanciel. Un verbe transitif est un verbe qui peut prendre un complément d'objet, un verbe intransitif est suivi d'un complément circonstanciel ou un attribut. Il y a d'autre éléments - les adverbes, les locutions prépositionnelles, etc. - mais ceux-ci sont moins importants et nous n'en parlerons pas ici.

1 La structure de la phrase française

Bien que des variations soient possibles, pour des raisons stylistiques notamment, la phrase française typique suit l'ordre sujet – verbe – complément d'objet/complément circonstanciel ; par exemple :

sujet	verbe	complément d'objet/complément circonstanciel, attribut
les garçons	regardent	la télévision (complément d'objet direct)
l'espagnol	est	facile

2 La structure de la phrase espagnole

La structure de la phrase est *beaucoup* plus souple en espagnol qu'en français. Ce qui ne veut pas dire que l'ordre sujet – verbe – complément d'objet/complément circonstanciel soit rare en espagnol. Il s'agit probablement au contraire de la structure la plus fréquemment employée en espagnol parlé et c'est aussi celle qui sert souvent à formuler des interrogations.

Cependant c'est là une structure nettement plus dominante en français qu'en espagnol, et un Espagnol placera fréquemment le verbe devant le sujet et placera parfois le complément d'objet devant le verbe.

Il existe peu de règles régissant la structure des phrases en espagnol, mais de façon générale on peut dire que:

* on place un élément vers le début de la phrase pour le mettre en relief. La toute première place dans la phrase est bien entendu celle qui permet de marquer la plus grande insistance.

* il est rare que le verbe n'occupe pas la première ou la deuxième *place* dans la phrase (voir précédemment la différence entre la place et l'ordre des mots).

Un locuteur espagnol peut choisir telle ou telle structure afin de mettre en relief un élément particulier, mais la plupart du temps c'est le rythme de la phrase qui dicte ce choix. Les rythmes ne s'apprennent pas. C'est au contact fréquent d'espagnols parlant leur propre langue que vous parviendrez à acquérir une certaine sensibilité à ces rythmes.

3 Exemples de différentes structures de phrases

a) *sujet - verbe*

mi hermano está estudiando francés
mon frère étudie le français

¿el coche está en el garaje?
est-ce que la voiture est dans le garage ?

b) *verbe - sujet*

llegaron dos tíos y se pusieron a trabajar
deux types sont arrivés et se sont mis au travail

me lo dijo una vez mi padre
mon père me l'a dit une fois

c) *complément d'objet direct - verbe - sujet*

el cuadro lo pintó un amigo mío
un de mes amis a peint le tableau

la moto la compramos Juan y yo
Juan et moi avons acheté la moto

Remarquez que lorsque le complément d'objet direct se trouve placé devant le verbe, le pronom complément d'objet direct correspondant *doit* aussi se trouver placé devant le verbe.

d) *L'emploi de la première place dans la phrase pour mettre un élément en valeur*

a mí no me gusta nada
je n'aime pas ça du tout

tal decisión no la apoyaremos nunca
nous n'appuierons jamais une telle décision

a ella no la puede ver
il/elle ne peut pas la souffrir

4 La ponctuation

Souvenez-vous qu'on met un point d'interrogation à l'envers au début d'une interrogation et un point d'exclamation à l'envers au début d'une exclamation (et non pas nécessairement au début de la phrase) :

¿qué quieres tomar?
qu'est-ce que tu prends ?

y éste, ¿cuánto cuesta?
et ça, combien ça coûte ?

estuviste anoche en la discoteca, ¿verdad?
tu étais à la discothèque hier soir, hein ?

el público gritó "¡olé!"
le public a crié "olé !"

Partie II
FORMES

1   Accentuation

En espagnol, les accents écrits indiquent surtout une accentuation à l'*oral*. Si vous savez comment un mot se prononce, vous pouvez savoir, en appliquant quelques règles simples, si ce mot prend un accent écrit, et si oui, où l'accent doit être placé.

1   Les syllabes

Afin de savoir où et quand mettre un accent écrit, il importe de comprendre ce que l'on entend par le mot "syllabe". Une syllabe est un groupe de lettres au sein d'un mot, dont une au moins *doit* être une voyelle. S'il n'y a pas de voyelle, il n'y a pas de syllabe. Dans de nombreux cas, le nombre de syllabes dans un mot est égal au nombre de voyelles.

ca-sa (deux syllabes)   **con-cen-tra-da** (quatre syllabes)

S'il y a une consonne ou plus entre chaque voyelle, comme dans les exemples ci-dessus, la division en syllabes est assez simple. Cependant la situation est légèrement plus complexe si deux voyelles ou plus se suivent.

En espagnol, on distingue les voyelles fortes et les voyelles faibles.

les voyelles fortes sont : A, E et O
les voyelles faibles sont : I et U

Les règles qui permettent de déterminer si deux voyelles ou plus qui se suivent forment une ou plusieurs syllabes sont les suivantes :

a) Lorsque deux voyelles fortes se suivent, elles appartiennent à deux syllabes distinctes :

pa-se-ar (trois syllabes)

pe-or (deux syllabes)

b) Lorsqu'une voyelle forte et une voyelle faible se suivent et qu'il n'y a pas d'accent écrit sur la voyelle faible, elles ne font partie que d'une seule syllabe, et la voyelle forte est accentuée :

fuer-te (deux syllabes)

vie-jo (deux syllabes)

an-cia-no (trois syllabes)

Si l'une des voyelles faibles prend un accent écrit, elle fait partie d'une syllabe distincte :

ha-cí-a (trois syllabes)   **pú-a** (deux syllabes)

c) Lorsque deux voyelles faibles ou plus se suivent, elles ne font partie que d'une seule syllabe et la seconde voyelle est accentuée :

viu-da (deux syllabes)   **fui** (une syllabe)

Ces règles s'appliquent uniquement à la *prononciation* et ne sont en rien modifiées par l'orthographe du mot. Par exemple, le **o** et le **i** de **prohibir** font partie de la même syllabe, malgré la présence d'un **h** écrit, mais totalement muet, entre eux. Le **e** et le **u** de **rehusar** font partie de la même syllabe, ce pour la même raison.

2 L'accentuation orale

Tous les mots en espagnol ont une voyelle tonique principale. C'est la place de cette voyelle tonique dans le mot qui permet de déterminer s'il y a ou non un accent écrit. Les règles concernant l'accentuation orale sont les suivantes :

a) L'accent tombe naturellement sur l'avant-dernière syllabe du mot quand :

— le mot se termine par une voyelle

lla-mo, re-ba-ño, ve-o, va-rio, re-ci-bie-ra

— le mot se termine par -**n** ou par -**s**

can-tan, li-bros, jo-ven

b) L'accent tombe naturellement sur la dernière syllabe lorsque le mot se termine par une consonne autre que -**n** ou -**s** :

can-tar, ciu-dad, no-mi-nal

3 Emploi principal de l'accent écrit

On emploie principalement l'accent écrit en espagnol pour indiquer des exceptions aux règles concernant l'accentuation orale données ci-dessus. La prononciation de la voyelle sur laquelle l'accent est écrit ne change pas.

Si l'accent tonique tombe là où la règle l'indique, il n'y a pas d'accent écrit. Sinon, un accent écrit est placé sur la voyelle qui est accentuée. Cette règle rend compte de l'énorme majorité des cas d'accents écrits en espagnol.

Les règles générales sont donc les suivantes :

— Si un mot se terminant par une voyelle, par **-n** ou par **-s** n'est pas accentué sur l'avant-dernière syllabe, un accent écrit est placé sur la voyelle qui est en fait accentuée à l'oral :

menú, región, inglés

— Si un mot se terminant par une consonne autre que **-n** ou **-s** n'est pas accentué sur la dernière syllabe, un accent écrit est placé sur la voyelle qui est en fait accentuée :

césped, fácil

De façon plus spécifique, on peut constater que :

— Tout mot dont l'avant avant-dernière syllabe est accentuée, comporte un accent sur la voyelle accentuée quelle que soit sa terminaison :

música, régimen

— Tout mot se terminant par une voyelle accentuée prend un accent sur cette voyelle :

café, rubí

Dans toute combinaison d'une voyelle faible et d'une voyelle forte, et dans laquelle c'est la voyelle faible qui est accentuée, cette voyelle faible prend un accent écrit :

quería, vacío

Autres exemples:

accent à sa place naturelle *(pas d'accent)*		*accent déplacé* *(accent écrit)*	
varias	plusieurs	**varías**	tu varies
continuo	continu	**continúo**	je continue
amar	aimer	**ámbar**	ambre
fabrica	il fabrique	**fábrica**	usine

⚠ **Encore une fois, souvenez-vous que c'est la prononciation qui compte et non l'orthographe. L'accent écrit dans *prohíbo* ou *rehúso* s'explique par le fait que la voyelle faible dans les syllabes prononcées *oi* et *eu* est accentuée.**

Notez aussi qu'il faut parfois omettre l'accent écrit au pluriel ou bien en ajouter un, selon les cas :

región	**regiones**	**joven**	**jóvenes**

4 Emplois secondaires de l'accent écrit

Les autres emplois de l'accent écrit sont les suivants :

— pour différencier deux mots ayant la même orthographe :

el (le)	– **él** (il)
tu (ton)	– **tú** (toi)
mi (mon)	– **mí** (moi)
si (si)	– **sí** (oui)
de (de)	– **dé** (donne)

— pour indiquer les formes interrogatives et exclamatives de certains pronoms et adverbes :

donde – ¿dónde?
où – où ?

quien – ¿quién?
qui – qui ?

— pour différencier les formes pronominales des formes adjectives des démonstratifs (les pronoms prennent un accent) :

este – éste
ce/cet...-ci – celui-ci

aquella – aquélla
cette...-là – celle-là

— Les pronoms neutres ne pouvant être confondus avec aucune autre forme, ils ne prennent aucun accent :

esto	**eso**	**aquello**

5 Le tréma

Seul la lettre **u** prend le tréma en espagnol (**ü**). Il n'y a de tréma que dans le cas des combinaisons **güe** et **güi.** Le **ü** doit alors être prononcé comme une voyelle distincte. S'il n'y a pas de tréma, on ne prononce pas le **u**.

la cigüeña	la cigogne
la vergüenza	la honte
la lingüística	la linguistique
el piragüismo	le canoë (*activité*)

Comparez les mots précédents avec des mots comme **la guerra, la guirnalda** et des mots similaires dans lesquels le **u** n'est pas prononcé.

Notez qu'un tréma doit parfois être ajouté ou omis dans certaines formes de certains verbes, afin que l'orthographe reflète correctement la prononciation du verbe.

averiguo (*indicatif* : je me renseigne)
averigüe (subjonctif)

avergonzarse (*infinitif* : avoir honte)
me avergüenzo (*première personne du singulier*)

argüir (*infinitif* : se disputer)
arguyo (*première personne du singulier*)

Le radical du verbe doit toujours conserver la même prononciation. C'est l'orthographe qui doit s'adapter.

2 Le Genre

En espagnol, tous les noms sont soit masculins soit féminins.

Tous les mots (adjectifs, articles), employés avec un nom, quel qu'il soit, s'accordent en genre avec le nom auquel ils se rapportent.

1 Pour déduire le genre d'après la terminaison

On peut souvent déduire le genre d'un nom d'après sa terminaison :

a) La plupart des noms se terminant par **-o** sont masculins :

el libro	**el dinero**	**el piano**
le livre	l'argent	le piano

Quelques mots, d'un usage très courant, font exception à cette règle :

la radio	**la mano**
la radio	la main

b) La plupart des noms se terminant par **-a** sont féminins :

la aduana	**la casa**	**la mañana**
la douane	la maison	le matin

Voici quelques exceptions courantes à cette règle :

el día	**el mapa**	**el idioma**	**el clima**
le jour	la carte	la langue	le climat

La plupart des noms se terminant en **-ema** et quelques noms se terminant en **-ama** sont masculins :

el problema, el sistema, el lema, el programa, el drama, el telegrama
le problème, le système, le slogan, le programme, le drame, le télégramme

c) Presque tous les noms se terminant par **-d** sont féminins :

la ciudad, la vid, la juventud, la pared, la dificultad
la ville, la vigne, la jeunesse, le mur, la difficulté

d) Presque tous les noms se terminant en **-ión** sont féminins :

la nación	**la región**
la nation	la région

Quelques mots, d'un usage très courant, font exception :

el camión	**el avión**
le camion	l'avion

2 Le genre d'après le sens

a) *Les gens et les animaux*

Lorsqu'il s'agit de gens et d'animaux, la signification du nom détermine souvent, mais pas toujours, son genre, par exemple :

el hombre	**la mujer**	**la vaca**
l'homme	la femme	la vache

Cependant, il y a des exceptions à cette règle, par exemple **la víctima** veut dire victime en espagnol, quel que soit le sexe.

b) Certains noms connaissent une période de transition :

el diputado veut dire "député" en espagnol, qu'il s'agisse d'un homme ou d'une femme, mais étant donné le nombre croissant de femmes députés en Espagne, on peut maintenant entendre et lire **la diputada**. Notez aussi que **médico** prend quelquefois la marque du féminin et devient **médica**.

c) *Les noms ayant les deux genres*

Il y a de nombreux noms se terminant en **-ista**, qui peuvent être masculins ou féminins, suivant le sexe de la personne à laquelle ils font référence :

el socialista, la socialista
le/la socialiste

el periodista, la periodista
le/la journaliste

⚠ **Ces noms n'ont pas de forme distincte au masculin; toutes les formes du masculin se terminent en -ista, comme les formes féminines.**

d) *Noms possédant des formes correspondantes pour les deux genres*

Certains noms peuvent avoir l'un ou l'autre genre en fonction du sexe de la personne que l'on décrit, particulièrement pour les noms se rapportant à des professions :

el camarero le serveur	**la camarera** la serveuse
el niño l'enfant, le petit garçon	**la niña** l'enfant, la petite fille

Quelquefois, une modification orthographique plus importante est nécessaire :

el director le directeur	**la directriz** la directrice
el actor l'acteur	**la actriz** l'actrice

e) *Les noms dont le sens change suivant le genre*

Certains noms peuvent avoir les deux genres, mais leur signification change alors :

el policía le policier	**la policía** la police
el guía le guide (personne)	**la guía** le guide (livre)
el capital le capital	**la capital** la capitale
el cura le curé	**la cura** la cure
el pendiente la boucle d'oreille	**la pendiente** la pente
el moral le mûrier	**la moral** la morale

3 Le Nom – le Pluriel des Noms

1 Formation

On forme le pluriel des noms espagnols de la façon suivante :

a) En ajoutant un **-s** aux noms se terminant par voyelle non-accentuée :

los libros
les livres

las reglas
les règles

b) La plupart des noms se terminant par une voyelle accentuée prennent **-es** :

el rubí
le rubis

los rubíes
les rubis

mais certains noms courants ne prennent qu'un **-s** :

los cafés, las mamás, los papás
les cafés, les mamans, les papas

c) En ajoutant **-es** aux noms se terminant par une consonne autre que **-s** :

los señores
les messieurs

las tempestades
les tempêtes

d) Les noms se terminant déjà par **-s** :

Si la dernière syllabe est accentuée, ajoutez **-es** :

el inglés
l'anglais

los ingleses
les anglais

Si la dernière syllabe n'est pas accentuée, le mot ne change pas :

el lunes
le lundi

los lunes
les lundis

e) *Modifications orthographiques*

Pour certains noms, une modification orthographique est nécessaire au pluriel.

Les noms se terminant par **-z** changent leur **-z** en **-ces** au pluriel :

| **la actriz** | **las actrices** |
| l'actrice | les actrices |

f) *Modification de l'accent écrit*

La plupart des noms singuliers ayant un accent écrit sur la dernière syllabe perdent cet accent au pluriel, celui-ci n'étant plus nécessaire (voir page 144) :

| **la nación** | **las naciones** |
| la nation | les nations |

Les quelques noms se terminant par **-n** et qui sont accentués sur l'avant-dernière syllabe au singulier doivent prendre un accent écrit au pluriel :

| **el joven** | **los jóvenes** |
| le jeune homme | les jeunes hommes |

| **el crimen** | **los crímenes** |
| le crime | les crimes |

g) Il existe deux noms en espagnol qui changent leur accentuation lorsqu'ils passent du singulier au pluriel :

| **el carácter** | **los caracteres** |
| le caractère | les caractères |

| **el régimen** | **los regímenes** |
| le régime | les régimes |

h) Dans le cas des sigles, les formes du pluriel sont indiquées en redoublant les initiales :

EE.UU.	**Estados Unidos** (les Etats-Unis)
CC.OO.	**Comisiones Obreras** (un syndicat)
FF.AA.	**Fuerzas Armadas** (les forces armées)
JJ.OO.	**Juegos Olímpicos** (jeux olympiques)

i) La plupart des mots anglais employés en espagnol gardent la forme anglaise du pluriel :

el camping	**los campings**
el poster	**los posters**
el comic (bande dessinée)	**los comics**

Cependant, certains mots anglais, utilisés depuis longtemps en espagnol, ont aussi adopté un pluriel espagnol :

el club	**los clubes**
el bar	**los bares**
el superman	**los supermanes**

2 Emploi spécial du masculin pluriel

La forme du masculin pluriel est fréquemment utilisée pour indiquer le couple ou un ensemble de personnes des deux sexes :

mis padres	**los Reyes**	**mis tíos**
mes parents	le roi et la reine	mon oncle et ma tante

mis hijos
mes enfants

4 Les Articles

1 L'article défini

a) *La forme habituelle*

L'article défini (le, la, les) a une forme du masculin et une forme du féminin, au pluriel comme au singulier :

	masculin	*féminin*
singulier	**el**	**la**
pluriel	**los**	**las**

el señor	**la chica**
l'homme	la fille

los señores	**las chicas**
les hommes	les filles

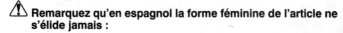 **Remarquez qu'en espagnol la forme féminine de l'article ne s'élide jamais :**

la esperanza	**la hija**
l'espoir	la fille

b) *Une forme particulière pour le féminin*

Notez que la forme de l'article défini au féminin employée immédiatement avant les noms commençant par un **a-** ou un **ha-** accentué est **el** et non pas **la** :

el agua	**el hambre**
l'eau	la faim

Ce changement ne modifie en rien le *genre* du nom. Les autres mots accompagnant le nom continuent à prendre la marque du féminin :

el agua está fría
l'eau est froide

c) *Contraction de l'article défini*

L'article défini masculin se contracte lorsqu'il est employé avec les prépositions **a** et **de** et donne les formes suivantes :

a + el = al   **de + el = del**

fui al cine
je suis allé(e) au cinéma

la casa del profesor
la maison du professeur

Ceci ne se produit pas si le **el** fait partie d'un titre, d'un nom de ville ou d'un nom de personne prenant une majuscule :

escribí a El Diario
j'ai écrit à El Diario

voy a El Escorial
je vais à l'Escorial

es un lienzo de el Greco
c'est un tableau du Greco

Cependant les féminins et les pluriels ne se contractent *jamais*.

d) *Les pays dont les noms sont précédés de l'article défini*

Les noms des pays suivants sont précédés de l'article défini :

el Brasil	le Brésil
el Canadá	le Canada
el Ecuador	l'Equateur
la India	l'Inde
el Japón	le Japon
el Perú	le Pérou
el Uruguay	l'Uruguay

Les autres noms de pays ne prennent pas d'article.

2 L'article indéfini

a) *La forme habituelle*

L'article indéfini a une forme du masculin et une forme du féminin. Ces deux formes peuvent aussi se mettre au pluriel :

	masculin	*féminin*
singulier	**un**	**una**
pluriel	**unos**	**unas**

un hombre	**una cantidad**
un homme	une quantité

b) *Une forme particulière du féminin*

Notez que la forme de l'article indéfini féminin employée immédiatement avant les noms commençant par un **a**- ou un **ha**-accentué est **un** (mais **una** peut être toléré) :

un hacha	**un ala**
une hache	une aile

Ce changement ne modifie en rien le genre du nom. Les autres mots qui accompagnent le nom continuent à prendre la forme du féminin :

construyeron un ala nueva
ils ont construit une nouvelle aile

c) Les formes du pluriel sont employées :

— avec les noms qui n'existent qu'au pluriel ou qui sont normalement employés au pluriel, en particulier les objets qui vont par paire
— pour exprimer l'idée de "quelques".

Sinon, elles ne sont pas nécessaires :

compré unos pantalones
j'ai acheté un pantalon

tengo un libro	**tengo unos libros**	**tengo libros**
j'ai un livre	j'ai quelques livres	j'ai des livres

5 Les Démonstratifs

1 Les adjectifs démonstratifs

Les adjectifs démonstratifs en espagnol sont **este** (qui signifie ce/
cet...ci) et **ese** et **aquel** (signifiant ce/cet...là). Leurs autres formes
sont les suivantes :

	masculin	*féminin*
singulier	**este**	**esta**
pluriel	**estos**	**estas**
singulier	**ese**	**esa**
pluriel	**esos**	**esas**
singulier	**aquel**	**aquella**
pluriel	**aquellos**	**aquellas**

este mes	**ese sillón**	**aquella bicicleta**
ce mois-ci	ce fauteuil-là	cette bicyclette-là

Voir page 26-7 en ce qui concerne leur emploi.

2 Les pronoms démonstratifs

Les pronoms démonstratifs sont semblables aux adjectifs
démonstratifs, à l'exception du fait qu'ils prennent un accent écrit
sur la voyelle accentuée :

**éste, éstos, ésta, éstas
ése, ésos, ésa, ésas
aquél, aquéllos, aquélla, aquéllas**

Il existe aussi une forme neutre qui ne prend pas d'accent écrit
(voir page 27) :

esto, eso, aquello

Voir pages 27-8 en ce qui concerne leur emploi.

6 Les Adjectifs et Pronoms Possessifs

1 Les adjectifs possessifs se plaçant avant le nom

Leurs formes sont les suivantes :

	masc. *sing.*	*fém.* *sing.*	*masc.* *pluriel*	*fém.* *pluriel*
mon	**mi**	**mi**	**mis**	**mis**
ton	**tu**	**tu**	**tus**	**tus**
son/votre	**su**	**su**	**sus**	**sus**
notre	**nuestro**	**nuestra**	**nuestros**	**nuestras**
votre	**vuestro**	**vuestra**	**vuestros**	**vuestras**
leur/votre	**su**	**su**	**sus**	**sus**

mi cuchillo
mon couteau

mi cuchara
ma cuiller

mis cuchillos
mes couteaux

mis cucharas
mes cuillers

tu pañuelo
ton mouchoir

tu chaqueta
ta veste

tus pañuelos
tes mouchoirs

tus chaquetas
tes vestes

su saco
son/votre sac

su maleta
sa/votre valise

sus sacos
ses/vos sacs

sus maletas
ses/vos valises

nuestro piso
notre appartement

nuestra casa
notre maison

nuestros pisos
nos appartements

nuestras casas
nos maisons

vuestro sombrero
votre chapeau

vuestra camisa
votre chemise

vuestros sombreros
vos chapeaux

vuestras camisas
vos chemises

su saco
votre/leur sac

su maleta
votre/leur valise

sus sacos
vos/leurs sacs

sus maletas
vos/leurs valises

Voir pages 32-3 pour une étude plus complète de **su** et **sus**.

2 Les adjectifs possessifs se plaçant après le nom et les pronoms possessifs

Les adjectifs possessifs se plaçant après le nom et les pronoms possessifs sont identiques quant à leur forme. En voici la liste :

masc. sing	*fém. sing*	*masc. pluriel*	*fém. pluriel*
mío	**mía**	**míos**	**mías**
tuyo	**tuya**	**tuyos**	**tuyas**
suyo	**suya**	**suyos**	**suyas**
nuestro	**nuestra**	**nuestros**	**nuestras**
vuestro	**vuestra**	**vuestros**	**vuestras**
suyo	**suya**	**suyos**	**suyas**

Voir pages 32-3 pour une explication de l'emploi de ces formes.

7 Les Augmentatifs et les Diminutifs

1 Les augmentatifs

a) Les suffixes suivants sont ajoutés, en tant qu'augmentatifs, aux noms, aux adjectifs, aux participes et aux adverbes (voir pages 36-7).

masculin	**-ón**	**-azo**	**-acho**	**-ote**
féminim	**-ona**	**-aza**	**-acha**	**-ota**

b) Toute voyelle se trouvant à la fin du nom d'origine tombe :

un muchachazo
un grand gars

un hombrote
un grand gaillard

2 Les diminutifs

a) Les suffixes suivants sont ajoutés, en tant que diminutifs, aux noms, aux adjectifs, aux participes et aux adverbes (voir pages 36-7) :

-ito	formes longues:	**-cito, -ecito**
-illo	formes longues:	**-cillo, -ecillo**
-uelo	formes longues:	**-zuelo, -ezuelo**
-ín	(pas de forme longue)	
-ucho	(pas de forme longue)	

Toutes ces terminaisons peuvent être mises au féminin en changeant le **-o** en **-a** (**-ín** devient **-ina**).

b) Lorsque le mot se termine par une voyelle, celle-ci tombe :

Ana, Anita   **señora, señorita**

c) Parmi les formes longues **-cito**, **-cillo** et **-zuelo** sont utilisées avec des mots de plus d'une syllabe se terminant en **-n** ou **-r** :

salón	>	**saloncito**
calor	>	**calorcito**

d) Les formes **-ecito**, **-ecillo** et **-zuelo** sont utilisées avec les mots d'une syllabe :

flor	>	**florecita, florecilla**
pez	>	**pececito, pececillo**

Notez que des modifications orthographiques (**z** devenant **c**) peuvent s'avérer nécessaires.

Elles sont aussi utilisées avec les mots de deux syllabes lorsque la première syllabe est **-ie** ou **-ue.** La voyelle finale tombe :

pueblo	>	**pueblecito**
nieto	>	**nietecito**

e) Lorsque l'on ajoute un suffixe, l'accent écrit de la terminaison du mot d'origine tombe :

salón	>	**saloncito**

Un accent écrit est ajouté à la voyelle faible (voir page 144) du suffixe lorsque le mot d'origine se termine par une voyelle accentuée :

mamá	>	**mamaíta**

Voir pages 36-7 l'emploi des augmentatifs et des diminutifs.

8 L'Adjectif

1 L'apocope de l'adjectif

a) Certains adjectifs perdent leur **-o** immédiatement avant un nom masculin singulier :

alguno	**¿hay *algún* autobús por aqui?** est-ce qu'il y a un autobus par ici ?
ninguno	**no veo *ningún* tren** je ne vois aucun train
bueno	**un *buen* vino** un bon vin
malo	**el *mal* tiempo** le mauvais temps
primero	**el *primer* día del año** le premier jour de l'année
tercero	**el *tercer* edificio** le troisième bâtiment

Notez que **ninguno** et **alguno** doivent prendre un accent écrit lorsque l'on fait ainsi l'apocope.

b) **grande** devient **gran** avant les noms au masculin singulier et au féminin singulier :

un gran señor　　　　　　**una gran señora**
un grand homme　　　　　　une grande dame

Lorsque **grande** fait référence à la taille, il est normalement placé après le nom, auquel cas on ne fait pas l'apocope :

un coche grande　　　　　　**una cocina grande**
une grande voiture　　　　　　une grande cuisine

c) **cualquiera** devient **cualquier** devant les noms singuliers qu'ils soient masculins ou féminins :

cualquier libro　　　　　　**cualquier casa**
n'importe quel livre　　　　　　n'importe quelle maison

d) **santo** devient **san** avant les noms de saints, sauf ceux qui commencent par **Do-** ou **To-** :

San Pablo	**San Pedro**
Santo Domingo	**Santo Tomás**

Santo garde toujours la même orthographe devant un nom commun :

mi santo patrón	**mi santo padre**

2 Le féminin des adjectifs

a) Les adjectifs se terminant par **-o** changent leur **o** en **-a** :

un vuelo corto	**una estancia corta**
un vol vourt	un séjour court

b) Les adjectifs se terminant par d'autres voyelles ou par des consonnes (autres que ceux dont il est question dans les sections c) et d)) ont la même forme au masculin et au féminin :

un coche verde	**una hoja verde**
une voiture verte	une feuille verte
un problema fundamental	**una dificultad fundamental**
un problème fondamental	une difficulté fondamentale

c) A ceux qui se terminent par **-án, -ín, -ón** et **-or,** on ajoute un **-a** :

un niño hablador	**una mujer habladora**
un garçon bavard	une femme bavarde

Les adjectifs comparatifs se terminant par **-or** constituent l'exception à cette règle. Voir à ce sujet page 164 :

una idea mejor
une meilleure idée

Remarquez aussi que ceux qui se terminent en **-án** et **-ón** perdent leur accent au féminin :

una muchacha muy holgazana
une fille très paresseuse

d) On ajoute un **-a** aux adjectifs indiquant la nationalité ou l'endroit d'où quelqu'un ou quelque chose vient, s'ils se terminent par une consonne. Tout accent écrit disparaît aussi :

un hotel francés	**una pensión francesa**
un hôtel français	une pension de famille française

un vino andaluz	**una sopa andaluza**
un vin andalou	une soupe andalouse

e) Les adjectifs se terminant en **-ícola** et **-ista** ont la même forme au masculin et au féminin :

un país agrícola	**una región vinícola**
un pays agricole	une région vinicole
el partido comunista	**la ideología socialista**
le parti communiste	l'idéologie socialiste

⚠ Notez que ces adjectifs n'ont pas de forme distincte pour le masculin. Les formes du masculin se terminent en *-ista* et *-ícola* comme les formes du féminin.

3 Le pluriel des adjectifs

Les adjectifs obéissent aux mêmes règles que les noms quant à la formation du pluriel. Voir pages 150-2 :

estos libros son viejos y sucios
ces livres sont vieux et sales

unas personas amables
des personnes aimables

Les mêmes modifications de l'orthographe et de l'accentuation se produisent :

feliz - felices	**holgazán - holgazanes**

9 La Forme Comparative

Voir pages 41-4 pour les emplois de la forme comparative.

1 Les formes habituelles

Pour construire une forme comparative en espagnol, placez simplement le mot **más** (plus) ou **menos** (moins) devant l'adjectif :

más alto
plus haut

más bajo
plus bas

menos guapo
moins beau

menos feo
moins laid

2 Les comparatifs irréguliers

Il y a six comparatifs irréguliers :

bueno	(bon)	>	**mejor**	(meilleur)
grande	(grand)	>	**mayor**	(plus grand)*
malo	(mauvais)	>	**peor**	(pire)
mucho	(beaucoup)	>	**más**	(plus)
pequeño	(petit)	>	**menor**	(plus petit) *
poco	(peu)	>	**menos**	(moins)

Un certain nombre d'autres adjectifs sont considérés comme appartenant à ce groupe, bien qu'ayant dans une certaine mesure perdu leur valeur comparative :

superior	(supérieur)
inferior	(inférieur)
anterior	(précédent)
posterior	(arrière, ultérieur)

⚠ **Les comparatifs en - or ne prennent pas la marque du féminin :**

mi hermano mayor
mon frère aîné

mi hermana mayor
ma sœur aînée

* **Más grande** et **más pequeño** existent mais font plutôt référence à la taille. **mayor** et **menor** font davantage référence à l'importance relative de l'objet ou de la personne, ou à l'âge. Lorsqu'il fait référence à l'âge, **mayor** est souvent considéré en espagnol parlé comme un simple adjectif signifiant "vieux", "adulte" et est quelquefois lui-même mis à la forme comparative :

mi hermano más mayor
mon frère aîné

Quoique relativement courant, cet usage est agrammatical et ne doit en aucun cas être imité dans la langue écrite d'un niveau soutenu.

Superior et **inferior** sont couramment utilisés avec les chiffres, les montants, les quantités, etc. :

el paro es superior a tres millones
le chômage dépasse trois millions

los beneficios son inferiores a los del año pasado
les bénéfices sont inférieurs à ceux de l'année dernière

10 Le Superlatif

1 Le superlatif relatif

De par sa forme, le superlatif relatif est identique au comparatif :

Juan es el estudiante más insolente de la clase
Juan est l'étudiant le plus insolent de la classe

este coche es el más caro
cette voiture est la plus chère

es la peor película que jamás he visto
c'est le plus mauvais film que j'aie jamais vu

2 Le superlatif absolu

On forme le superlatif absolu en ajoutant la terminaison **-ísimo** à
l'adjectif. Si l'adjectif se termine déjà par une voyelle, celle-ci
tombe :

alto	**altísimo**
importante	**importantísimo**
fácil	**facilísimo**

Lorsque l'adjectif perd une voyelle, des modifications
orthographiques peuvent s'avérer nécessaires afin que
l'orthographe du mot reflète correctement la prononciation du
superlatif absolu :

rico	**riquísimo**
feliz	**felicísimo**
largo	**larguísimo**

Comme tout autre adjectif, le superlatif absolu s'accorde avec le
nom auquel il se rapporte :

estás guapísima hoy, María
tu est ravissante aujourd'hui, María

estos libros son carísimos
ces livres sont très chers

11 Les Prépositions

A

à	destination	**voy a la escuela/a casa** je vais à l'école/à la maison
	direction	**torcieron a la izquierda** ils ont tourné à gauche
		¿adónde fuiste? où est-ce que tu es allé(e) ?
	lieu	**llega a Madrid mañana** il arrive à Madrid demain
		sentarse a la mesa s'asseoir à table
		la casa se sitúa a cien metros de aquí la maison est à cent mètres d'ici
	temps	**comemos a la una** nous mangeons à une heure
		se fue a los quince años il est parti à l'âge de quinze ans
		al día siguiente murió il est mort le lendemain
		a los dos días volvió il est revenu deux jours plus tard
	moyen de transport	**a pie, a caballo** à pied, à cheval
	coût	**a cien pesetas cada uno** à cent pesetas la pièce
	opinion	**a mi ver, a mi juicio, a mis ojos** à mon avis
par	fréquence	**dos veces al día** deux fois par jour

| *pour* | but, objectif | **salí a comprar pan**
je suis sorti(e) pour acheter du pain |
| | pour les personnes
(voir page 55-6) | **he visto a Juan**
j'ai vu Juan |

ANTE

| *devant* | en présence de | **le llevaron ante el rey**
on l'a amené devant le roi |
| | face à | **ante tanto trabajo huyó**
devant tant de travail, il s'est enfui |

BAJO

| *sous* | lieu | **construyeron un túnel bajo el mar**
ils ont construit un tunnel sous la mer |
| | figuré | **bajo el reinado de Felipe**
sous le règne de Philippe |

CON

avec	association	**se fueron con su primo** ils sont partis avec leur cousin
	moyen	**lo cortó con las tijeras** elle l'a coupé avec les ciseaux
à		**hablaba con su amigo** il parlait à son ami
envers/avec	figuré	**no seas cruel conmigo** ne sois pas cruel envers/avec moi

Dans ce dernier sens, **con** est
parfois précédé de **para** :   **era muy amable para con todos**
                                        il était très gentil avec tout le
                                        monde

CONTRA

contre	position	**se apoyaba contra la pared** il s'appuyait contre le mur
	opposition	**los rebeldes luchaban contra el gobierno** les rebelles luttaient contre le gouvernement

Dans ce dernier sens, la préposition composée **en contra de** est souvent utilisée de préférence à **contra** :

votaron en contra de la ley
ils ont voté contre la loi

DE

de	possession	**es el coche de mi hermana** c'est la voiture de ma sœur
	contenu	**un paquete de cigarrillos** un paquet de cigarettes
	lieu, provenance	**es de Londres** il est de Londres
		va de Madrid a Salamanca il va de Madrid à Salamanque
	temps	**de vez en cuando** de temps en temps
en/de	matériaux	**el vestido es de lana** la robe est en laine
	chiffre	**la distancia es de dos kilómetros** la distance est de deux kilomètres
		el total era de mil pesetas le total était de mille pesetas
	prix	**un coche de dos millones de pesetas** une voiture de deux millions de pesetas
à	usage	**una cucharilla de café** une cuiller à café

	descriptions	**la muchacha de los ojos azules** la fillette aux yeux bleus
		el señor de la barba l'homme à la barbe
entre		**cenamos de diez a once** nous avons dîné entre dix heures et onze heures
pour former des locutions adjectives		**la comida de siempre** la nourriture habituelle
		se fueron de pequeños ils sont partis quand ils étaient petits
		la parte de fuera la partie extérieure
pour former des prépositions composées		**además de, alrededor de**, etc. Voir pages 175-7

DESDE

de	lieu	**le vi llegar desde mi ventana** je l'ai vu venir de ma fenêtre
depuis	temps	**toca la guitarra desde niño** il joue de la guitare depuis qu'il est petit
avec **hasta** *de...à*	temps	**desde las dos hasta las cuatro** de deux à quatre heures
	lieu	**desde Madrid hasta Barcelona** de Madrid à Barcelone

EN

à	position	**paró en la puerta** il s'est arrêté à la porte
		quedarse en casa rester à la maison
		lo vimos en la Feria de Muestras nous l'avons vu à l'exposition
	opinion	**en mi opinión sería imprudente** à mon avis, ce serait imprudent

sur	position	**el ordenador está en la mesa** l'ordinateur est sur la table
en	nombres	**lo dividió en tres partes** il l'a partagé en trois
depuis	temps	**no le he visto en quince días** je ne l'ai pas vu depuis quinze jours
de	augmentation/ diminution	**los precios han aumentado** **en un diez por ciento** les prix ont augmenté de dix pour cent
	locutions	**en balde, en vano** en vain **en seguida** immédiatement **en absoluto** absolument pas

ENTRE

entre		**entre la puerta y la pared** entre la porte et le mur
		entre tu y yo entre toi et moi
parmi		**lo encontré entre tus papeles** je l'ai trouvé parmi tes papiers
ensemble		**lo hicimos entre todos** nous l'avons fait ensemble

HACIA

vers	lieu	**fue corriendo hacia su padre** il a couru vers son père
envers	figuré	**muestra hostilidad hacia el jefe** il manifeste de l'hostilité envers le chef
environ	temps	**hacia las tres** vers trois heures

HASTA

jusqu'à	temps	**hasta el siglo veinte** jusqu'au XXème siècle

	lieu	**te acompaño hasta tu casa** je t'accompagne jusqu'à chez toi
au moins	nombre	**vinieron hasta cien personas** il est venu au moins cent personnes
même		**hasta los niños quieren acompañarnos** même les enfants veulent venir avec nous

INCLUSO

même		**incluso mi padre está de acuerdo** même mon père est d'accord

MEDIANTE

à l'aide de		**lo consiguió mediante mucho trabajo** il y est parvenu grâce à beaucoup de travail

PARA

pour, afin de	but	**salió para lavar el coche** il est sorti pour laver la voiture
		para cortar la cuerda pour/afin de couper la corde
		estudió para cura il a étudié pour devenir curé
pour		**cuesta demasiado para mí** c'est trop cher pour moi
	en direction de	**se fueron para Estados Unidos** ils sont partis pour les Etats-Unis
	temps	**quiero ese trabajo para mañana** je veux ce travail pour demain
	concession	**para ser español, habla muy bien francés** pour un Espagnol, il parle très bien français

	avec certains adjectifs	**el cálculo no es difícil para ella** le calcul n'est pas difficile pour elle
d'ici	temps	**para entonces ya me habré marchado** d'ici là je serai parti(e)
locutions		**bastante . . . para** assez . . . pour **demasiado . . . para** trop . . . pour **suficiente . . . para** assez . . . pour
		. . ., dijo para sí . . ., s'est-il dit
avec **estar**	sur le point de	**estábamos todos para salir** nous étions tous sur le point de partir

POR

par	agent	**la reparación fue terminada por el jefe** la réparation a été terminée par le patron
	à travers	**lo echó por la ventana** il l'a jeté par la fenêtre
		pasaron por Valencia ils sont passés par Valence
	moyen	**por mí se informaron sobre el desastre** ils ont appris le désastre par mon intermédiaire
		por avión, por teléfono par avion, par téléphone
	lieu	**vive por aquí** il habite par ici
	cause	**por amor le siguió a España** elle l'a suivi en Espagne par amour
pendant	durée	**habló por dos minutos** il a parlé pendant deux minutes

		ocurrió el robo el domingo por la noche le cambriolage a eu lieu dimanche pendant la nuit
dans	place	**rodaron por las cercanías** ils erraient dans les environs
pour	prix	**vendió el coche por treinta mil pesetas** il a vendu la voiture pour trente mille pesetas
à	taux	**cincuenta kilómetros por hora** cinquante kilomètres à l'heure
pour, parce que	cause	**por no estudiar no aprobó el examen** il a échoué à l'examen parce qu'il n'avait pas étudié
fois	multiplication	**dos por dos son cuatro** deux fois deux font quatre
locutions	tomar . . . por	**¿me tomas por idiota?** tu me prends pour un idiot ?
	pasar por	**pasa por buen conductor** il passe pour être bon conducteur
	estar por	**los platos están por lavar** les plats sont encore à laver
		estoy por salir je suis sur le point de sortir
	a por	**voy a por hielo** je vais chercher de la glace

SEGÚN

selon	**según él, es peligroso** selon lui c'est dangereux
	los precios varían según la época del año les prix varient selon l'époque de l'année

SIN

sans **continuaremos sin su ayuda**
nous continuerons sans votre aide

sin saber
sans savoir

SOBRE

sur lieu **las tazas están sobre la mesa**
les tasses sont sur la table

el avión voló sobre las montañas
l'avion a volé au-dessus des montagnes

au sujet de **he leído un artículo sobre la guerra**
j'ai lu un article sur la guerre

environ temps **vendrá sobre las siete**
il viendra à environ sept heures

TRAS

après temps **tras una reunión de tres horas**
après une réunion de trois heures

succession **uno tras otro**
l'un après l'autre

LES PREPOSITIONS COMPOSEES

acerca de (au sujet) de **me habló el jefe acerca del empleado**
le patron m'a parlé de l'employé

a causa de à cause de **no salimos a causa de la tormenta**
nous ne sortons pas à cause de la tempête

a favor de en faveur de pour **¿estás a favor de la energía nuclear?**
es-tu pour l'énergie nucléaire ?

a fuerza de	à force de	**lo consiguió terminar a fuerza de trabajar noche y día** il est parvenu à le terminer à force de travailler jour et nuit
a pesar de	malgré	**salieron a pasear a pesar de la lluvia** ils sont sortis faire une promenade malgré la pluie
a lo largo de	tout au long de	**hay flores a lo largo del río** il y a des fleurs tout le long de la rive **a lo largo del mes de agosto** tout au long du mois d'août
a través de	à travers, par	**la luz entra a través de la ventana** la lumière entre par la fenêtre
además de	ainsi que	**compré pan además de mantequilla** j'ai acheté du pain ainsi que du beurre
alrededor de	environ	**gana alrededor de diez mil pesetas al día** il gagne environ dix mille pesetas par jour
	autour de	**las casas están situadas alrededor de la iglesia** les maisons sont situées autour de l'église
antes de	avant (de) (temps)	**antes de entrar dejen salir** laisser les passagers descendre avant de monter
cerca de	près de	**la casa está cerca del colegio** la maison est près de l'école
	environ	**tiene cerca de mil ovejas** il a près de mille moutons
debajo de	sous	**se pararon debajo del árbol** ils se sont arrêtés sous l'arbre
delante de	devant	**el coche se detuvo delante del hotel** la voiture s'est arrêtée devant l'hôtel

dentro de	dans	**encontró un regalo dentro del paquete** elle a trouvé un cadeau dans le paquet
después de	après	**salió después de terminar su trabajo** il est sorti après avoir fini son travail
		después de las dos après deux heures
		después de todo après tout
detrás de	derrière	**el bar se encuentra detrás del mercado** le bar se trouve derrière le marché
en lugar de/ en vez de	au lieu de	**en lugar de telefonear, les escribió** il leur a écrit au lieu de leur téléphoner
en medio de	au milieu de	**paró en medio de tocar la sonata** il s'est arrêté de jouer en plein milieu de la sonate
encima de	sur	**colocó el vaso encima de la mesa** elle a mis le vase sur la table
enfrente de	en face de	**la iglesia está enfrente del Ayuntamiento** l'église est en face de la mairie
fuera de	à part	**fuera de los de al lado, no conozco a nadie** à part nos voisins d'à côté, je ne connais personne
	en dehors de	**la granja está situada fuera de la aldea** la ferme est en dehors du village
lejos de	loin de	**la iglesia no está lejos de la escuela** l'église n'est pas loin de l'école
		lejos de acatar la ley... loin de respecter la loi...
por medio de	par le biais de	**consiguió obtener el dinero por medio de un embuste** il a réussi à obtenir l'argent par ruse

12 Les Pronoms Relatifs

Pour une explication détaillée de l'emploi des pronoms relatifs, voir pages 46-9.

1 Les pronoms relatifs simples

a) que (qui, que)

que fait référence aux personnes ou aux choses, que celles-ci soient au singulier ou au pluriel. Notez qu'il est invariable.

⚠ **Remarquez en particulier que que peut avoir la fonction de sujet ("qui" en français) ou de complément d'objet direct ("que" en français).**

b) quien/quienes (qui/que, celui qui/que, etc., lequel, etc.)

quien (singulier) et **quienes** (pluriel) font uniquement référence aux personnes et sont généralement employés après une préposition.

2 Pronoms relatifs composés

Les pronoms relatifs composés ont des formes distinctes pour le masculin singulier et le masculin pluriel, le féminin singulier et le féminin pluriel. Ils ont aussi une forme neutre.

a) el que (qui/que, lequel, etc., celui qui/que, etc.)

	masculin	*féminin*	*neutre*
singulier	**el que**	**la que**	**lo que**
pluriel	**los que**	**las que**	

b) el cual (qui/que, lequel, etc., celui qui/que, etc.)

	masculin	*féminin*	*neutre*
singulier	**el cual**	**la cual**	**lo cual**
pluriel	**los cuales**	**las cuales**	

13 Les Pronoms Personnels

1 Les pronoms sujets

	singulier	*pluriel*
1ère personne	**yo** (je)	**nosotros, nosotras** (nous)
2ème personne	**tú** (tu)	**vosotros, vosotras** (vous)
3ème personne	**él** (il)	**ellos** (ils)
	ella (elle)	**ellas** (elles)
	usted (vous)	**ustedes** (vous)
	ello (cela)	

Usted et **ustedes** sont couramment abrégés en **Vd.** et **Vds.** (ou quelquefois en **Ud.** et **Uds.**). Ils sont suivis du verbe à la troisième personne du singulier ou du pluriel, selon le cas. Voir pages 52-3 les différences entre **Vd.** et **tú**. Voir page 52 l'emploi de **ello**.

2 Les pronoms compléments d'objet faibles

Voir pages 56-7 l'emploi des pronoms compléments d'objet faibles.

a) Les pronoms compléments d'objet direct

	singulier	*pluriel*
1ère personne	**me** (me)	**nos** (nous)
2ème personne	**te** (te)	**os** (vous)
3ème personne	**le** (le, vous)	**les** (les, vous)
	la (la, vous)	**las** (les, vous)
	lo (le)	**los** (les)

b) Les pronoms compléments d'objet indirect

	singulier	*pluriel*
1ère personne	**me** (me)	**nos** (nous)
2ème personne	**te** (te)	**os** (vous)
3ème personne	**le** (lui, vous)	**les** (leur, vous)

c) Les pronoms réfléchis

	singulier	*pluriel*
1ère personne	**me**	**nos**
2ème personne	**te**	**os**
3ème personne	**se**	**se**

3 Les pronoms compléments d'objet forts

Voir pages 57-8 les emplois des pronoms compléments d'objet forts.

	singulier	*pluriel*
1ère personne	**mí**	**nosotros, nosotras**
2ème personne	**tí**	**vosotros, vosotras**
3ème personne	**él, ella, ello**	**ellos, ellas**
	Vd.	**Vds.**
(réfléchi)	**sí**	**sí**

Mí, ti et **sí** s'allient à **con** pour donner les formes suivantes :

conmigo	avec moi
contigo	avec toi
consigo	avec lui/elle/soi

4 La place des pronoms

Les pronoms compléments d'objet faibles sont généralement placés avant le verbe. Aux temps composés ils sont placés avant l'auxiliaire :

él lo hizo	**yo le he visto**
il l'a fait	je l'ai vu
nos hemos levantado	**Vd. se despierta**
nous nous sommes levé(e)s	vous vous réveillez

Dans les trois cas suivants, le pronom se place après le verbe et lui est accolé :

a) lorsque le verbe est à l'infinitif :

quiero verla	**salió después de hacerlo**
je veux la voir	il est sorti après l'avoir fait

Cependant, si l'infinitif suit immédiatement un autre verbe, le pronom peut précéder le premier verbe :

querían encontrarnos	ils voulaient nous rencontrer
OU **nos querían encontrar**	

b) lorsque le verbe est au participe présent :

estoy pintándolo	je suis en train de le peindre
estaba cantándola	il/elle était en train de la chanter

Là encore, dans le cas d'un verbe à la forme progressive, le pronom peut précéder le premier verbe :

	están llevándolo	ils/elles le portent
OU	**lo están llevando**	

c) lorsque l'on donne un ordre positif :

¡déjalo!	**¡date prisa!** (réfléchi)
laisse cela !	dépêche-toi !
¡quédese aquí!	**¡espéreme!**
restez ici !	attendez-moi !

Cependant le pronom précède le verbe lorsqu'il s'agit d'un ordre négatif :

¡no lo hagas!	**¡no te muevas!**
ne fais pas cela !	ne bouge pas !

5 Modifications de l'accentuation et de l'orthographe

a) *Les accents*

Remarquez que lorsque l'on ajoute plus d'un pronom à un infinitif, un participe présent ou un impératif, il est généralement nécessaire de mettre un accent écrit au verbe d'origine pour indiquer l'accent tonique si celui-ci est passé à l'avant avant-dernière syllabe (voir page 144) :

¿quieres pasarme el vino?	**¿quieres pasármelo?**
veux-tu me passer le vin ?	veux-tu me le passer ?

está explicándome la lección
il/elle est en train de m'expliquer la leçon

está explicándomela
il/elle est en train de me l'expliquer

dame el libro	**dámelo**
donne-moi le livre	donne-le moi
ponga el libro en la mesa	**póngalo en la mesa**
mettez le livre sur la table	mettez-le sur la table

dígame
allô (au téléphone)

b) *Modifications orthographiques*

Lorsque **-se** est accolé à une forme du verbe qui se termine par **-s**, ce dernier tombe :

vendámoselo
vendons-le-lui

Voir 6c ci-dessous.

Le **s** final de la première personne du pluriel tombe devant le pronom réfléchi **nos** :

sentémonos
asseyons-nous

Le **d** de la deuxième personne du pluriel de l'impératif tombe devant le pronom réfléchi **os** :

sentaos, por favor
asseyez-vous, je vous prie

Avec les verbes de la troisième conjugaison, le **i** prend alors un accent :

vestíos
habillez-vous

Le verbe **ir** constitue la seule exception, le **d** de l'impératif étant en fait gardé :

idos
allez-vous en

6 L'ordre des pronoms

Lorsque l'on emploie ensemble deux pronoms ou plus, ils se placent dans l'ordre suivant :

a) Le pronom réfléchi **se** vient toujours en tête :

se me ha ocurrido	**se le olvidó**
cela m'est venu à l'esprit	il/elle a oublié

b) Lorsque deux pronoms compléments d'objet sont employés avec le même verbe, le pronom complément d'objet indirect est placé devant le pronom complément d'objet direct :

me lo dio	**nos la mostraron**
il/elle me l'a donné	ils/elles nous l'ont montrée

c) Si on emploie un pronom complément d'objet direct de la troisième personne (**lo, la, le, los, las, les**) et un pronom complément d'objet indirect de la troisième personne (**le, les**) avec le même verbe, les pronoms compléments d'objet indirect **le** et **les** sont tous deux remplacés par **se**, placé devant le pronom complément d'objet direct :

se la vendieron (a ella)　　　　**se los mandó (a Vd.)**
ils/elles la lui ont vendue　　　　il/elle vous les a envoyés

L'ajout de **a él, a ella, a Vd.** ou **a Vds.**, etc. peut préciser à qui ou à quoi le **se** fait référence :

d) Dans les cas où les pronoms compléments d'objet direct **me, te, nos, os** sont employés avec un autre pronom complément d'objet indirect, le pronom complément d'objet direct est placé devant le verbe et le pronom complément d'objet indirect est remplacé par **a** + le pronom fort correspondant, placé après le verbe :

me mandaron a ti
ils/elles m'ont envoyé(e) à toi

nos acercamos a ellos
nous nous sommes approché(e)s d'eux

14 Les Adverbes

On emploie les adverbes avec des verbes, des adjectifs et d'autres adverbes. Employés avec un verbe, ils décrivent :

comment une action a lieu	adverbes de manière
quand une action a lieu	adverbes de temps
où une action a lieu	adverbes de lieu
le degré de l'action	adverbes d'intensité

1 Adverbes de manière

a) On peut construire la plupart de ces adverbes en ajoutant **-mente** à la forme du féminin singulier de l'adjectif :

lenta (lent)	**lentamente** (lentement)
extensa (large)	**extensamente** (largement)

Les accents qui apparaissent dans l'adjectif sont conservés dans l'adverbe :

lógica (logique)	**lógicamente** (logiquement)
rápida (rapide)	**rápidamente** (rapidement)

b) Lorsque deux adverbes ou plus sont employés pour décrire le même verbe, seul le dernier prend la terminaison **-mente,** mais ceux qui précèdent gardent la forme du féminin de l'adjectif :

habló clara y rápidamente
il/elle a parlé clairement et rapidement

c) Les adverbes de manière suivants n'ont pas de forme en **-mente** :

bien (bien)	**mal** (mal)
adrede (exprès)	**así** (ainsi)
despacio (lentement)	**de prisa** (vite)

caminaban despacio por el calor que hacía
ils/elles marchaient lentement à cause de la chaleur

tú has trabajado bien, Juanito
tu as bien travaillé, Juanito

2 Adverbes de temps

La plupart de ces adverbes ne sont pas construits à partir
d'adjectifs. Les plus courants sont les suivants :

ahora	(maintenant)
anoche	(hier soir, la nuit dernière)
anteanoche	(avant-hier soir, il y a deux nuits)
anteayer/antes de ayer	(avant-hier)
antes	(avant)
ayer	(hier)
después	(après, ensuite)
entonces	(alors)
hoy	(aujourd'hui)
luego	(tout de suite, ensuite)
mañana	(demain)
nunca	(jamais)
pasado mañana	(après-demain)
primero	(premièrement)
pronto	(tôt, bientôt)
prontísimo	(très tôt, très bientôt)
siempre	(toujours (*constamment*))
tarde	(tard)
tardísimo	(très tard)
temprano	(tôt, de bonne heure)
empranísimo	(très tôt, de très bonne heure)
todavía	(encore, toujours)
ya	(déjà/maintenant/plus tard/ autrefois)

Voici quelques locutions adverbiales de temps couramment
employées :

a continuación	(ensuite, à la suite)
acto seguido	(tout de suite après, tout de suite)
algunas veces	(parfois, quelquefois)
a menudo	(souvent)
a veces	(parfois, quelquefois)
dentro de poco	(d'ici peu, avant peu, sous peu)
de vez en cuando	(de temps en temps)
en breve	(bientôt, sous peu)
muchas veces	(souvent)
nunca más	(jamais plus, plus jamais)
otra vez	(encore une fois, de nouveau)
pocas veces	(rarement)
rara vez	(rarement)
repetidas veces	(à plusieurs reprises)
una y otra vez	(maintes et maintes fois)

quiero empezar ahora, no espero hasta mañana
je veux commencer maintenant, je ne vais pas attendre jusqu'à
demain

siempre va en tren hasta el centro, luego coge el autobús
il/elle se rend toujours dans le centre en train, et ensuite il/elle
prend l'autobus

quedamos en vernos pasado mañana, no mañana
nous nous sommes mi(se)s d'accord pour nous voir après-
demain et non pas demain

Remarques :

a) Outre le sens de "déjà", **ya** a aussi le sens de "tout de suite" dans le
langage courant :

¡ya voy!
j'arrive !

Dans certains cas, il n'existe pas de traduction évidente de **ya** en
français car cet adverbe a souvent une valeur emphatique :

ya me lo decía yo
c'est bien ce que je pensais

A la forme négative **ya no** signifie "ne...plus" :

siempre iba a ver a su tía los sábados, pero ya no va
il/elle rendait toujours visite à sa tante le samedi, mais il/elle ne
le fait plus

⚠ **A ne pas confondre avec** *todavía no*, **qui signifie "pas
encore"** :

todavía no han llegado
ils/elles ne sont pas encore arrivé(e)s

b) **luego** peut aussi signifier "donc" :

pienso luego existo
je pense donc je suis

c) **recientemente** devient **recién** devant les participes passés. **Recién**
est invariable et sa forme ne change pas, quels que soient le genre
et le nombre du participe passé :

un niño recién nacido   **los recién casados**
un nouveau-né   les jeunes mariés

3 Les adverbes de lieu

Voici les plus courants :

abajo	(dessous/en bas)
ahí/allí	(là)
allá	(là-bas)
aquí	(ici)
arriba	(là-haut/en haut/dessus)
cerca	(près)
debajo	(dessous)
delante	(devant)
dentro	(dedans/à l'intérieur)
detrás	(derrière)
donde	(là où, où)
encima	(dessus/en plus/au dessus)
enfrente	(en face)
fuera	(dehors, au dehors)
lejos	(loin)

Quelques locutions adverbiales :

en alguna parte	(quelque part)
en otra parte	(autre part)
en/por todas partes	(partout)

la aldea donde nací
le village où je suis né(e)

¿dónde está Juan? - está dentro
où est Juan ? - il est à l'intérieur

¿hay alguna tienda por aquí cerca?
y a-t-il un magasin par ici ?

se me cayeron encima
ils/elles me sont tombé(e)s dessus

Remarques :

a) **aquí**, **allí** et **allá** expriment les mêmes relations que les adjectifs démonstratifs **este**, **ese** et **aquel** (voir page 26-7) :

aquí signifie ici, près de moi
allí signifie là, près de toi
allá signifie là, loin de nous deux

b) Les formes **arriba**, **abajo**, **adelante** et **atrás** peuvent s'employer immédiatement après un nom dans les locutions adverbiales telles que :

> **andábamos calle abajo**
> nous descendions la rue

> **aquello sucedió años atrás**
> cela s'est produit il y a des années

On trouve aussi **adentro** et **a través** dans des expressions toutes faites :

> **mar adentro**   **campo a través**
> au large   a travers champs

4 Adverbes d'intensité

Voici les plus courants :

algo	(un peu/assez)
apenas	(à peine)
bastante	(assez/suffisamment)
casi	(presque)
como	(approximativement)
cuánto	(à quel point/combien)
demasiado	(trop)
más	(plus, davantage)
menos	(moins/de moins)
mitad/medio	(moitié/à moitié/mi-)
mucho	(beaucoup)
muy	(très)
nada	(pas du tout)
poco	(peu)
qué	(combien, comme)
suficientemente	(suffisamment)
tan	(si/tellement/aussi)
tanto	(tant/autant/tellement)
todo	(tout/entièrement)
un poco	(un peu)

> **la casa es muy vieja pero es bastante grande**
> la maison est très vieille, mais assez grande

> **me gusta mucho la tortilla, pero no me gustan nada los calamares**
> j'aime beaucoup la tortilla, mais je n'aime pas du tout les calmars

ni siquiera tiene tres años - todavía es demasiado pequeño para ir solo
il n'a même pas trois ans - il est encore trop petit pour y aller seul

hoy se siente un poco mejor
il/elle se sent un peu mieux aujourd'hui

Remarques :

a) Cet emploi de **qué** est réservé aux tournures exclamatives :

¡qué inteligente eres!
comme tu es intelligent !

b) **muy** s'emploie avec les adjectifs et les locutions adjectives ainsi qu'avec les adverbes :

estoy muy cansado
je suis très fatigué

ya era muy tarde cuando volvió
il était déjà très tard quand il est rentré

Dans quelques cas exceptionnels, il peut s'employer avec un nom :

es muy amigo mío
c'est un de mes très bons amis

c) Lorsqu'il est employé en tant qu'adverbe, **mucho** accompagne les verbes, les adverbes comparatifs et les adjectifs comparatifs :

me gustó mucho
j'ai beaucoup aimé ça

está mucho mejor
il/elle va beaucoup mieux

d) **medio**, employé en tant qu'adverbe, reste toujours invariable :

María estaba medio dormida
María était à moitié endormie

e) Remarquez la présence de **lo** et **como para** dans la phrase suivante, construite avec **suficientemente** :

no es lo suficientemente inteligente como para entender esto
il n'est pas suffisamment intelligent pour comprendre cela

15 Le Verbe

LES DIFFERENTES CATEGORIES DE VERBES : LES CONJUGAISONS

Il existe trois conjugaisons pour les verbes en espagnol. L'infinitif d'un verbe indique la conjugaison à laquelle il appartient :

> tous les verbes se terminant en **-ar** appartiennent à la première conjugaison
>
> tous les verbes se terminant en **-er** appartiennent à la deuxième conjugaison
>
> tous les verbes se terminant en **-ir** appartiennent à la troisième conjugaison

Certains verbes sont irréguliers, d'autres présentent de petites exceptions aux règles. On traitera de ces verbes séparément.

L'espagnol possède de nombreux verbes dont la voyelle du radical (voir ci-dessous), quand elle est accentuée, subit certaines modifications. Pourtant, les terminaisons de ces verbes demeurent parfaitement normales. Il sera question de ces verbes dans une autre section.

Tous les verbes d'origine très récente sont automatiquement classés dans la première conjugaison et adoptent ses terminaisons et ses formes, par exemple : **informatizar** (informatiser).

A LES TEMPS DE L'INDICATIF - LES TEMPS SIMPLES

Les temps peuvent être soit simples, c'est-à-dire comprenant un seul mot, ou composés, lorsqu'un auxiliaire est employé avec un participe du verbe principal.

1 LE PRESENT

On obtient le radical pour le présent du verbe en supprimant les terminaisons **-ar**, **-er** ou **-ir** de l'infinitif. Le présent est alors formé en ajoutant les terminaisons suivantes au radical :

1ère conjugaison :	**-o, -as, -a, -amos, -áis, -an**
2ème conjugaison :	**-o, -es, -e, -emos, éis, -en**
3ème conjugaison :	**-o, -es, -e, -imos, -ís, -en**

cant-ar	beb-er	recib-ir
canto	bebo	recibo
cantas	bebes	recibes
canta	bebe	recibe
cantamos	bebemos	recibimos
cantáis	bebéis	recibís
cantan	beben	reciben

a) *Irrégularités du présent*

Voir pages 221-5 pour **ser** et **estar**, et pour les verbes irréguliers **dar** et **ir**. Voir pages 208-15 les verbes dont le radical change.

b) *Verbes de la première conjugaison se terminant par* **-iar** *et* **-uar**

La plupart de ces verbes prennent l'accent tonique et aussi un accent écrit sur l'**i** ou l'**u** final du radical à toutes les personnes sauf la première et la deuxième personne du pluriel :

enviar	continuar
envío	continúo
envías	continúas
envía	continúa
enviamos	continuamos
enviáis	continuáis
envían	continúan

Les exceptions les plus courantes sont les verbes **cambiar** et **averiguar**.

c) *Verbes de la deuxième conjugaison se terminant en* **-ecer**

La terminaison de la première personne du singulier est **-ezco**. Toutes les autres formes sont régulières :

parecer	parezco, pareces. . .
crecer	crezco, creces. . .

d) *Verbes de la troisième conjugaison se terminant en* **-uir** *et le verbe* **oír**

On ajoute un **y** au radical de ces verbes *à moins que* le radical soit suivi par un **i** accentué, c'est-à-dire à toutes les personnes sauf à la première et la deuxième personne du pluriel. Remarquez que la première personne du singulier de **oír** est aussi irrégulière (voir ci-dessous) :

construir	oír
construyo	oigo
construyes	oyes
construye	oye
construimos	oímos
construís	oís
construyen	oyen

e) *Verbes de la troisième conjugaison se terminant par* **-ucir**

La terminaison de la première personne du singulier est **-uzco**. Toutes les autres formes sont régulières :

conducir	conduzco, conduces...
producir	produzco, produces...

f) *Verbes de la deuxième et de la troisième conjugaison dont le radical se termine par un* **c** *ou un* **g**

Ces verbes changent leur **c** en **z** et leur **g** en **j** à la première personne du singulier. Toutes les autres formes sont régulières :

vencer	venzo, vences...
esparcir	esparzo, esparces...
escoger	escojo, escoges...
rugir	rujo, ruges...

g) *Verbes de la troisième conjugaison dont le radical se termine par* **qu** *ou* **gu**

Ces verbes changent leur **qu** en **c** et le **gu** en **g** à la première personne du singulier. Toutes les autres formes sont régulières :

delinquir	delinco, delinques...
distinguir	distingo, distingues...

h) *Verbes de la troisième conjugaison dont l'infinitif se termine en -güir*

Ces verbes perdent leur tréma, sauf à la première et à la deuxième personne du pluriel :

argüir	**arguyo, arguyes, arguye, argüimos, argüís, arguyen**

i) *Verbes dont la première personne du singulier est irrégulière*

Les verbes suivants présentent à la première personne du singulier des irrégularités souvent imprévisibles :

caber	(tenir dans)	**quepo**
caer	(tomber)	**caigo**
conocer	(savoir)	**conozco**
dar	(donner)	**doy**
decir	(dire)	**digo**
estar	(être)	**estoy**
hacer	(faire)	**hago**
ir	(aller)	**voy**
oír	(entendre)	**oigo**
poner	(mettre)	**pongo**
saber	(savoir)	**sé**
salir	(sortir/partir)	**salgo**
ser	(être)	**soy**
tener	(avoir)	**tengo**
traer	(apporter)	**traigo**
valer	(valoir)	**valgo**
venir	(venir)	**vengo**

Toutes les formes composées de ces verbes ont les mêmes irrégularités.

contradecir	(contredire)	**contradigo**
obtener	(obtenir)	**obtengo**

Notez que **satisfacer** se comporte comme **hacer** sur lequel il est construit :

satisfacer	(satisfaire)	**satisfago**

2 LE FUTUR

On forme le futur des verbes de toutes les conjugaisons en ajoutant les terminaisons suivantes à l'infinitif du verbe, quelle que soit la conjugaison à laquelle il appartient :

-é, -ás, -á, -emos, -éis, -án

cantaré	beberé	recibiré
cantarás	beberás	recibirás
cantará	beberá	recibirá
cantaremos	beberemos	recibiremos
cantaréis	beberéis	recibiréis
cantarán	beberán	recibirán

Irrégularités au futur

Pour un certain nombre de verbes, on ajoute ces terminaisons à un radical irrégulier :

caber	(tenir dans)	cabré
decir	(dire)	diré
haber	(avoir)	habré
hacer	(faire)	haré
poder	(pouvoir)	podré
poner	(mettre)	pondré
querer	(vouloir)	querré
saber	(savoir)	sabré
salir	(sortir, partir)	saldré
tener	(avoir)	tendré
valer	(valoir)	valdré
venir	(venir)	vendré

Ici encore, tous les composés de ces verbes présentent les mêmes irrégularités :

deshacer	(défaire)
desharé	
convenir	(convenir/tomber d'accord)
convendré	

3 L'IMPARFAIT

On forme l'imparfait en ajoutant les terminaisons suivantes au radical de l'infinitif :

1ère conjugaison   -aba, -abas, -aba, -ábamos, -abais, -aban

2ème & 3ème conjugaisons   -ía, -ías, -ía, -íamos, -íais, -ían

cantaba	bebia	recibía
cantabas	bebías	recibías
cantaba	bebía	recibía
cantábamos	bebíamos	recibíamos
cantabais	bebíais	recibíais
cantaban	bebían	recibían

Les irrégularités de l'imparfait

Il n'y a que trois verbes irréguliers à l'imparfait en espagnol :

ser	ir	ver
era	iba	veía
eras	ibas	veías
era	iba	veía
éramos	íbamos	veíamos
erais	ibais	veíais
eran	iban	veían

4 LE PASSE SIMPLE

On forme le passé simple en ajoutant les terminaisons suivantes au radical de l'infinitif :

1ère conjugaison   **-é, -aste, -ó, -amos, -asteis, -aron**
2ème & 3ème conjugaisons   **-í, -iste, -ió, -imos, isteis, -ieron**

canté	bebí	recibí
cantaste	bebiste	recibiste
cantó	bebió	recibió
cantamos	bebimos	recibimos
cantasteis	bebisteis	recibisteis
cantaron	bebieron	recibieron

Irrégularités au passé simple

a) *Le passé simple dit* **pretérito grave**

Ce groupe comprend un nombre relativement important de verbes appartenant principalement à la deuxième et à la troisième conjugaison, qui ont des radicaux irréguliers et qui prennent les terminaisons suivantes :

-e, -iste, -o, -imos, -isteis, -ieron

Remarquez en particulier que les terminaisons de la première et de la troisième personne du singulier ne sont pas accentuées (le terme **grave** dans **pretérito grave** signifie "accentué sur l'*avant-dernière* syllabe").

Si le radical se termine lui-même par un **j**, la terminaison de la troisième personne du pluriel est raccourcie et devient **-eron**.

andar	anduve, anduviste, anduvo, anduvimos, anduvisteis, anduvieron
caber	cupe, cupiste, cupo, cupimos, cupisteis, cupieron
decir	dije, dijiste, dijo, dijimos, dijisteis, dijeron
estar	estuve, estuviste, estuvo, estuvimos, estuvisteis, estuvieron
haber	hube, hubiste, hubo, hubimos, hubisteis, hubieron
hacer	hice, hiciste, hizo, hicimos, hicisteis, hicieron
poder	pude, pudiste, pudo, pudimos, pudisteis, pudieron
poner	puse, pusiste, puso, pusimos, pusisteis, pusieron
querer	quise, quisiste, quiso, quisimos, quisisteis, quisieron
saber	supe, supiste, supo, supimos, supisteis, supieron
tener	tuve, tuviste, tuvo, tuvimos, tuvisteis, tuvieron
traer	traje, trajiste, trajo, trajimos, trajisteis, trajeron
venir	vine, viniste, vino, vinimos, vinisteis, vinieron

Tous les composés de ces verbes présentent les mêmes irrégularités :

contraer	contraje...
componer	compuse...

Ce groupe compte aussi tous les verbes se terminant en **-ucir**, à l'exception de **lucir** qui est régulier. Leur radical pour le prétérit se termine en **uj** :

producir	produje, produjiste, produjo, produjimos, produjisteis, produjeron

b) *Autres verbes*

Les verbes suivants sont également irréguliers :

dar	di, diste, dio, dimos, disteis, dieron
ir	fui, fuiste, fue, fuimos, fuisteis, fueron
ser	fui, fuiste, fue, fuimos, fuisteis, fueron
ver	vi, viste, vio, vimos, visteis, vieron

Comme on peut le constater, les formes du passé simple de **ir** et **ser** sont identiques. Cependant le contexte permet toujours de savoir celui dont il s'agit.

c) *Modifications orthographiques*

Les verbes de la première conjugaison dont le radical se termine par un **c** ou un **g** modifient ces radicaux, qui deviennent **qu** ou **gu** à la première personne du singulier du prétérit. Toutes les autres formes sont régulières :

explicar	**expliqué, explicaste. . .**
llegar	**llegué, llegaste. . .**

Ces verbes suivent en cela les règles de l'orthographe espagnole.

Verbes se terminant par **-aer, -eer, -oer** et **-uir**

Dans ces verbes, le **i** de la terminaison aux troisièmes personnes du singulier et du pluriel devient **y**. Toutes les autres formes sont régulières :

caer	**cayó**	**cayeron**
construir	**construyó**	**construyeron**
leer	**leyó**	**leyeron**
roer	**royó**	**royeron**

oír appartient aussi à cette catégorie :

oír	**oyó**	**oyeron**

Les verbes de la troisième conjugaison se terminant en **-güir** perdent leur tréma aux troisièmes personnes du singulier et du pluriel :

argüir	**argüí, argüiste, arguyó, argüimos, argüisteis, arguyeron**

Les verbes de la deuxième et de la troisième conjugaison dont le radical se termine par **ñ** perdent le **i** des terminaisons des troisièmes personnes du singulier et du pluriel :

gruñir	**gruñó**	**gruñeron**
tañer	**tañó**	**tañeron**

5 LE CONDITIONNEL

On forme le conditionnel pour toutes les conjugaisons en ajoutant les terminaisons suivantes à l'infinitif du verbe :

-ía, -ías, -ía, -íamos, -íais, -ían

cantaría	bebería	recibiría
cantarías	beberías	recibirías
cantaría	bebería	recibiría
cantaríamos	beberíamos	recibiríamos
cantaríais	beberíais	recibiríais
cantarían	beberían	recibirían

Les irrégularités au conditionnel

Tout verbe ayant un radical irrégulier au futur conserve le même radical pour la formation du conditionnel (voir page 194) :

hacer	haría
venir	vendría

et ainsi de suite.

B LES TEMPS COMPOSES

On forme les temps composés en employant un verbe auxiliaire avec soit le participe présent, soit le participe passé.

1 LE PARTICIPE PRESENT

a) *Les formes régulières*

On forme le participe présent en ajoutant les terminaisons suivantes au radical de l'infinitif :

1ère conjugaison	**-ando**
2ème & 3ème conjugaisons	**-iendo**

Exemples :

hablar	**hablando**
comer	**comiendo**
salir	**saliendo**

b) *Les formes irrégulières du participe présent*

Les verbes se terminant en **-aer, -eer, -oer** et **-uir**, et le verbe **oír**

Dans ces verbes, le **i** de la terminaison se transforme en **y** :

caer	**cayendo**
construir	**construyendo**
creer	**creyendo**
oír	**oyendo**
roer	**royendo**

Les verbes se terminant par **-güir** perdent leur tréma au participe présent :

argüir	**arguyendo**

Les verbes de la deuxième et de la troisième conjugaison dont le radical se termine par **ñ** perdent le **i** de la terminaison :

gruñir	**gruñendo**
tañer	**tañendo**

Les verbes de la troisième conjugaison dont le radical change et qui appartiennent aux groupes 3, 4 et 5 ont aussi des participes présents irréguliers (voir pages 211-5) :

dormir	**durmiendo**
pedir	**pidiendo**
sentir	**sintiendo**

2 LE PARTICIPE PASSE

a) *Les formes régulières*

On forme le participe passé d'un verbe régulier en supprimant la terminaison de l'infinitif et en ajoutant au radical ainsi obtenu :

1ère conjugaison	**-ado**	**cantado**
2ème & 3ème conjugaisons	**-ido**	**bebido, recibido**

b) *Les formes irrégulières du participe passé*

Certains verbes ont des formes irrégulières au participe passé. Voici les plus couramment employés :

abrir (ouvrir)	**abierto** (ouvert)
cubrir (couvrir)	**cubierto** (couvert)
decir (dire)	**dicho** (dit)
escribir (écrire)	**escrito** (écrit)
hacer (faire)	**hecho** (fait)
morir (mourir)	**muerto** (mort)
poner (mettre)	**puesto** (mis)
resolver (résoudre)	**resuelto** (résolu)
ver (voir)	**visto** (vu)
volver (retourner)	**vuelto** (retourné)

Les verbes composés à partir de ces verbes présentent les mêmes irrégularités dans leurs formes du participe passé, par exemple :

descubrir (découvrir)	**descubierto** (découvert)
describir (décrire)	**descrito** (décrit)

Le verbe **satisfacer** se comporte comme un verbe composé formé sur **hacer** :

satisfacer (satisfaire)	**satisfecho** (satisfait)

3 L'ASPECT PROGRESSIF DES TEMPS

On peut mettre n'importe quel temps à la forme progressive en utilisant **estar** (ou dans certains cas **ir, venir, seguir, continuar, andar**) avec le participe présent. Voir page 222 la conjugaison complète de **estar** :

estamos trabajando
nous sommes en train de travailler

yo estaba estudiando cuando Juan entró
j'étais en train d'étudier lorsque Juan est entré

Les formes progressives sont traitées intégralement pages 70-1.

4 LE PASSE COMPOSE

Les temps composés du passé se construisent à l'aide de l'auxiliaire **haber** au temps qui convient, ainsi que du participe passé du verbe principal. La conjugaison complète de **haber** est donnée page 223.

Le passé composé se construit à l'aide du présent du verbe **haber** et du participe passé du verbe principal :

he cantado	he bebido	he recibido
has cantado	has bebido	has recibido
ha cantado	ha bebido	ha recibido
hemos cantado	hemos bebido	hemos recibido
habéis cantado	habéis bebido	habéis recibido
han cantado	han bebido	han recibido

5 LE PLUS-QUE-PARFAIT

Le plus-que-parfait se construit à l'aide de l'imparfait de **haber** et du participe passé du verbe principal :

había cantado	había bebido	había recibido
habías cantado	habías bebido	habías recibido
había cantado	había bebido	había recibido
habíamos cantado	habíamos bebido	habíamos recibido
habíais cantado	habíais bebido	habíais recibido
habían cantado	habían bebido	habían recibido

6 LE FUTUR ANTERIEUR

Le futur antérieur se construit à l'aide du futur de **haber** et du participe passé du verbe principal :

habré cantado	habré bebido	habré recibido
habrás cantado	habrás bebido	habrás recibido
habrá cantado	habrá bebido	habrá recibido
habremos cantado	habremos bebido	habremos recibido
habréis cantado	habréis bebido	habréis recibido
habrán cantado	habrán bebido	habrán recibido

7 LE PASSE ANTERIEUR

On construit le passé antérieur à l'aide du passé simple de **haber** et du participe passé du verbe principal :

hube cantado	hube bebido	hube recibido
hubiste cantado	hubiste bebido	hubiste recibido
hubo cantado	hubo bebido	hubo recibido
hubimos cantado	hubimos bebido	hubimos recibido
hubisteis cantado	hubisteis bebido	hubisteis recibido
hubieron cantado	hubieron bebido	hubieron recibido

8 LE CONDITIONNEL PASSE

Le conditionnel passé se construit à l'aide du conditionnel de **haber** et du participe passé du verbe principal :

habriá cantado	habriá bebido	habriá recibido
habrías cantado	habrías bebido	habrías recibido
habría cantado	habría bebido	habría recibido
habríamos cantado	habríamos bebido	habríamos recibido
habríais cantado	habríais bebido	habríais recibido
habrían cantado	habrían bebido	habrían recibido

C LES TEMPS DU MODE SUBJONCTIF

1 LE SUBJONCTIF PRESENT

A l'exception de quelques verbes irréguliers (**estar**, **ser**, **ir**, **dar**), le radical pour le présent du subjonctif d'un verbe s'obtient en supprimant le **o** de la terminaison de la première personne du singulier du présent. Le subjonctif se forme alors en ajoutant les terminaisons suivantes à ce radical :

1ère conjugaison	-e, -es, -e, -emos, éis, -en
2ème & 3ème conjugaisons	-a, -as, -a, -amos, áis, -an

cant-o	beb-o	recib-o
cante	beba	reciba
cantes	bebas	recibas
cante	beba	reciba
cantemos	bebamos	recibamos
cantéis	bebáis	recibáis
canten	beban	reciban

Pour les verbes dont le radical change, voir pages 208-15.

a) *Les verbes en* -iar *et* -uar *(voir page 191)*

Ces verbes suivent le même modèle au subjonctif qu'à l'indicatif en ce qui concerne l'accentuation, c'est-à-dire que le **i** et le **u** du radical prennent un accent à toutes les personnes, sauf à la première et à la deuxième personne du pluriel :

enviar	envíe, envíes, envíe, enviemos, enviéis, envíen
continuar	continúe, continúes, continúe, continuemos, continuéis, continúen

b) *Les radicaux irréguliers*

Le radical du subjonctif étant obtenu à partir de la première personne du singulier du présent de l'indicatif, toute irrégularité apparaissant à la première personne du singulier du présent de l'indicatif apparaît à toutes les personnes du présent du subjonctif, par exemple :

infinitif	*1ère pers. prés.*	*subjonctif*
decir	**digo**	**diga, digas, diga, digamos, digáis, digan**
coger	**cojo**	**coja, cojas, coja, cojamos, cojáis, cojan**
parecer	**parezco**	**parezca, parezcas, parezca, parezcamos, parezcáis, parezcan**
poner	**pongo**	**ponga, pongas, ponga, pongamos, pongáis, pongan**
vencer	**venzo**	**venza, venzas, venza, venzamos, venzáis, venzan**

c) *Modifications orthographiques*

Pour les verbes de la première conjugaison dont le radical se termine par **c** ou **g**, le **c** devient **qu** et le **g** devient **gu** à toutes les personnes du présent du subjonctif :

buscar	**busque, busques, busque, busquemos, busquéis, busquen**
llegar	**llegue, llegues, llegue, lleguemos, lleguéis, lleguen**

Les verbes de la première conjugaison se terminant par **-guar** prennent un tréma sur le **u** à toutes les personnes du présent du subjonctif :

averiguar	**averigüe, averigües, averigüe, averigüemos, averigüéis, averigüen**

2 L'IMPARFAIT DU SUBJONCTIF

Le radical pour l'imparfait du subjonctif s'obtient en supprimant la terminaison **-ron** de la troisième personne du pluriel du passé simple du verbe. L'imparfait du subjonctif présente deux formes possibles, construites en ajoutant les terminaisons suivantes à ce radical :

1ère conjugaison	**-ara, -aras, -ara, -áramos, -arais, -aran** **-ase, -ases, -ase, -ásemos, -aseis, -asen**
2ème & 3ème conjugaisons	**-iera, -ieras, -iera, -iéramos, -ierais, -ieran,** **-iese, -ieses, -iese, -iésemos, -ieseis, -iesen**

cantara/cantase	bebiera/bebiese
cantaras/cantases	bebieras/bebieses
cantara/cantase	bebiera/bebiese
cantáramos/cantásemos	bebiéramos/bebiésemos
cantarais/cantaseis	bebierais/bebieseis
cantaran/cantasen	bebieran/bebiesen

recibiera/recibiese
recibieras/recibieses
recibiera/recibiese
recibiéramos/recibiésemos
recibierais/recibieseis
recibieran/recibiesen

En général, la première de ces deux formes est la plus courante dans le langage parlé.

Les verbes qui sont irréguliers au passé simple présentent la même irrégularité à l'imparfait du subjonctif :

infinitif	*passé simple*	*imparfait du subjonctif*
decir	dijeron	dijera/dijese
tener	tuvieron	tuviera/tuviese
venir	vinieron	viniera/viniese

Les verbes composés à partir de ces verbes présentent les mêmes irrégularités :

convenir	conviniera/conviniese
obtener	obtuviera/obtuviese

3 LE PASSE COMPOSE DU SUBJONCTIF

Le passé composé du subjonctif se forme à l'aide du subjonctif présent de **haber** et du participe passé du verbe principal :

haya cantado	haya bebido	haya recibido
hayas cantado	hayas bebido	hayas recibido
haya cantado	haya bebido	haya recibido
hayamos cantado	hayamos bebido	hayamos recibido
hayáis cantado	hayáis bebido	hayáis recibido
hayan cantado	hayan bebido	hayan recibido

4 LE PLUS-QUE-PARFAIT DU SUBJONCTIF

Le plus-que-parfait du subjonctif se construit à l'aide de l'imparfait du subjonctif de **haber** et du participe passé du verbe principal :

hubiera cantado	hubiera bebido	hubiera recibido
hubieras cantado	hubieras bebido	hubieras recibido
hubiera cantado	hubiera bebido	hubiera recibido
hubiéramos cantado	hubiéramos bebido	hubiéramos recibido
hubierais cantado	hubierais bebido	hubierais recibido
hubieran cantado	hubieran bebido	hubieran recibido
hubiese cantado	hubiese bebido	hubiese recibido
hubieses cantado	hubieses bebido	hubieses recibido
hubiese cantado	hubiese bebido	hubiese recibido
hubiésemos cantado	hubiésemos bebido	hubiésemos recibido
hubieseis cantado	hubieseis bebido	hubieseis recibido
hubiesen cantado	hubiesen bebido	hubiesen recibido

5 L'IMPERATIF

L'impératif proprement dit n'existe que pour les formes du verbe correspondant aux pronoms **tú** et **vosotros** et n'est utilisé *que* pour donner des ordres positifs. Il est formé de la façon suivante :

tú	supprimez le **s** de la terminaison de la deuxième personne du singulier du présent de l'indicatif du verbe. Ceci est valable pour toutes les conjugaisons.
vosotros	Pour les trois conjugaisons, supprimez le **-r** de l'infinitif et remplacez-le par **-d**.

hablar	habla	hablad
comer	come	comed
escribir	escribe	escribid

Remarquez que, la forme correspondant à **tú** étant formée à partir de la deuxième personne du singulier du verbe, toute modification du radical sera aussi présente à la forme du singulier de l'impératif, mais pas à celle du pluriel :

cerrar	cierra	cerrad
torcer	tuerce	torced
pedir	pide	pedid

Il existe un certain nombre de verbes irréguliers à la forme de l'impératif correspondant au pronom **tú** :

decir	di	decid
hacer	haz	haced
ir	ve	id
poner	pon	poned
salir	sal	salid
ser	sé	sed
tener	ten	tened
valer	val	valed
venir	ven	venid

Les ordres adressés aux autres personnes – **Vd.**, **Vds.**, les ordres à la troisième personne et à la première personne et *tous* les ordres négatifs sont donnés au subjonctif. Voir page 203 pour de plus amples détails.

D LES VERBES DONT LE RADICAL CHANGE

Le radical de certains verbes subit des modifications orthographiques lorsque ce radical est accentué. Les terminaisons ne changent pas, à moins que le verbe soit lui-même irrégulier.

1   Le **e** devient **ie** (première et deuxième conjugaisons uniquement)

Les verbes les plus courants parmi ceux-ci sont les suivants :

acertar	deviner juste
alentar	encourager
apretar	serrer, presser
ascender	monter, s'élever
atender	s'occuper de
aterrar	terrifier
atravesar	traverser
calentar	chauffer, faire chauffer
cerrar	fermer
comenzar	commencer
concertar	s'entendre sur, convenir
condescender	condescendre
confesar	confesser, avouer
defender	défendre
desalentar	décourager
desatender	ne pas prêter attention à, négliger
descender	descendre
desconcertar	déconcerter
despertar	réveiller
desplegar	déplier, déployer
empezar	commencer
encender	allumer
encerrar	enfermer, contenir, renfermer
encomendar	recommander, charger, confier
entender	comprendre
enterrar	enterrer, ensevelir
extender	étendre
fregar	frotter, récurer
gobernar	gouverner
helar	geler, glacer
manifestar	manifester, montrer, témoigner
merendar	goûter, prendre son goûter
negar	nier, démentir
nevar	neiger

pensar	penser
perder	perdre
quebrar	casser, briser, rompre
recomendar	recommander
regar	irriguer
reventar	crever, éclater
sembrar	semer
sentarse	s'asseoir
sosegar	calmer, apaiser
temblar	trembler
*tener	avoir
tender	tendre, étendre
tentar	tenter
tropezar	trébucher, buter
verter	verser, renverser

La modification a lieu au présent de l'indicatif et du subjonctif seulement, là où le **e** est accentué, c'est-à-dire aux trois personnes du singulier et à la troisième personne du pluriel :

PRESENT DE L'INDICATIF	PRESENT DU SUBJONCTIF
atravieso	atraviese
atraviesas	atravieses
atraviesa	atraviese
atravesamos	atravesemos
atravesáis	atraveséis
atraviesan	atraviesen

Notez que si le **e** est la première lettre d'un mot, il devient **ye** et non pas **ie** :

errar (errer) **yerro, yerras, yerra, erramos, erráis, yerran**

*tener est irrégulier à la première personne du singulier : **tengo**

Le subjonctif de **tener** est formé à partir de cette première personne du singulier **tengo** :

tenga, tengas, tenga, tengamos, tengáis, tengan

2 Le **-o** devient **-ue** (première et deuxième conjugaisons seulement)

Les verbes les plus courants de ce groupe sont les suivants:

absolver	absoudre
acordarse	se souvenir
acostarse	se coucher, aller au lit

almorzar	déjeuner
apostar	parier
aprobar	approuver
avergonzarse	avoir honte
cocer	cuire
colarse	se glisser
colgar	pendre, suspendre
comprobar	vérifier, contrôler
concordar	concorder
conmover	émouvoir, toucher
consolar	consoler
contar	compter, raconter
costar	coûter
demostrar	démontrer
desaprobar	désapprouver
descolgar	décrocher, enlever (un tableau, des tapisseries)
descontar	déduire
desenvolverse	se débrouiller
despoblar	dépeupler
devolver	rendre, restituer
disolver	dissoudre
doler	faire mal
encontrar	rencontrer, trouver
envolver	envelopper
esforzarse	s'efforcer
forzar	forcer
holgar	ne rien faire
*jugar	jouer
llover	pleuvoir
moler	moudre
morder	mordre
mostrar	montrer
mover	remuer, mouvoir
**oler	sentir, flairer
probar	essayer, goûter
promover	promouvoir
recordar	se souvenir
renovar	renouveler
resolver	résoudre
resollar	respirer bruyamment
resonar	résonner
rodar	roder
rogar	prier (quelqu'un de faire quelque chose)
soldar	souder

soler	avoir l'habitude de
soltar	lâcher
sonar	sonner, tinter
soñar	rêver
torcer	tordre, tourner
tostar	griller
trocar	troquer, échanger
tronar	tonner
volar	voler (dans l'air)
volcar	renverser
volver	revenir, retourner

Le changement s'opère sur le même modèle que pour le groupe 1 mentionné ci-dessus :

PRESENT DE L'INDICATIF	PRESENT DU SUBJONCTIF
vuelvo	vuelva
vuelves	vuelvas
vuelve	vuelva
volvemos	volvamos
volvéis	volváis
vuelven	vuelvan

*jugar : le u se transforme en ue lorsqu'il est accentué : juego, etc.

**oler : on ajoute h à toutes les formes lorsque la modification a lieu : huele, etc.

3   Le e se change en ie et en i (troisième conjugaison uniquement)

Les verbes les plus courants appartenant à ce groupe sont les suivants :

adherir	adhérer (à un parti, etc.)
*adquirir	acquérir
advertir	remarquer, prévenir
arrepentirse	se repentir
asentir	acquiescer
conferir	conférer, attribuer
consentir	consentir
convertir	changer, transformer
digerir	digérer
discernir	discerner
divertir	divertir, amuser
**erguir	lever, dresser, redresser
herir	blesser
hervir	bouillir
inferir	déduire

*inquirir	s'enquérir de
invertir	investir
mentir	mentir
pervertir	pervertir
preferir	préférer
presentir	pressentir
proferir	proférer, prononcer
referirse	se référer
requerir	requérir, avoir besoin de
resentirse	en vouloir (à quelqu'un)
sentir	sentir
subvertir	corrompre
sugerir	suggérer
transferir	transférer
***venir	venir

Les temps auxquels la modification a lieu sont les suivants :

Au présent de l'indicatif, au présent du subjonctif et à la forme du singulier de l'impératif, le **e**, lorsqu'il est accentué, devient **ie**.

Lorsqu'il n'est pas accentué, le **e** devient **i** dans les cas suivants :

- à la première et à la deuxième personne du pluriel du présent du subjonctif
- au participe présent
- aux troisièmes personnes du singulier et du pluriel du passé simple
- à toutes les personnes de l'imparfait du subjonctif

PRESENT	PASSE SIMPLE
siento	**sentí**
sientes	**sentiste**
siente	**sintió**
sentimos	**sentimos**
sentís	**sentisteis**
sienten	**sintieron**

PRESENT DU SUBJONCTIF	IMPARFAIT DU SUBJONCTIF
sienta	**sintiera/sintiese**
sientas	**sintieras/sintieses**
sienta	**sintiera/sintiese**
sintamos	**sintiéramos/sintiésemos**
sintáis	**sintierais/sintieseis**
sientan	**sintieran/sintiesen**

IMPERATIF   PARTICIPE PRESENT

siente   **sintiendo**

* Dans le cas de **adquirir** et de **inquirir**, c'est le **i** du radical qui devient **ie**.

** Lorsqu'il est accentué, le **e** de **erguir** devient **ye** et non pas **ie** :

yergo, yergues, yergue, erguimos, erguís, yerguen

*****venir** a une première personne du singulier irrégulière : **vengo**

Le subjonctif de **venir** est construit à partir de cette première personne du singulier irrégulière **vengo** :

venga, vengas, venga, vengamos, vengáis, vengan.

4   Le **e** se change en **i** (troisième conjugaison uniquement)

Les verbes les plus courants appartenant à ce groupe sont les suivants :

colegir	réunir, rassembler
competir	concourir, être en concurrence
concebir	concevoir
conseguir	arriver à, réussir à
corregir	corriger
derretirse	fondre
despedir	renvoyer
elegir	élire
expedir	expédier
gemir	gémir
impedir	empêcher
medir	mesurer
pedir	demander
perseguir	persécuter
proseguir	poursuivre, continuer
regir	régir
rendir	produire
repetir	répéter
seguir	suivre
servir	servir
vestir	habiller

Lorsqu'il est accentué, le **e** se change en **i** au présent de l'indicatif, au présent du subjonctif, et à la forme du singulier de l'impératif.

Le **e** non accentué se change aussi en **i** lorsque l'accent est sur la terminaison, sauf sur un **i** :

- la 1ère personne et la 2ème personne du pluriel du subjonctif présent
- le participe présent
- les troisièmes personnes du singulier et du pluriel du passé simple
- toutes les personnes de l'imparfait du subjonctif

PRESENT	PASSE SIMPLE
pido	**pedí**
pides	**pediste**
pide	**pidió**
pedimos	**pedimos**
pedís	**pedisteis**
piden	**pidieron**

PRESENT DU SUBJONCTIF	IMPARFAIT DU SUBJONCTIF
pida	**pidiera/pidiese**
pidas	**pidieras/pidieses**
pida	**pidiera/pidiese**
pidamos	**pidiéramos/pidiésemos**
pidáis	**pidierais/pidieseis**
pidan	**pidieran/pidiesen**

IMPERATIF	PARTICIPE PRESENT
pide	**pidiendo**

Les verbes de ce groupe qui se terminent en **-eír** et **-eñir** subissent une modification supplémentaire : si la terminaison commence par un **i** non-accentué, ce **i** tombe s'il suit immédiatement le **ñ** ou le **i** du radical. Ceci ne se produit qu'au participe présent, aux troisièmes personnes du singulier et du pluriel du passé simple et à l'imparfait du subjonctif.

Les verbes les plus courants appartenant à ce groupe sont les suivants :

ceñir	serrer (vêtement)
desteñir	déteindre
freír	frire
reír	rire
reñir	réprimander
sonreír	sourire
teñir	teindre

reír	*ceñir*
riendo	**ciñendo**
rio	**ciñó**
rieron	**ciñeron**

5 Le **o** se change en **ue** et en **u** (troisième conjugaison uniquement)

Les modifications se produisent sur le même modèle que dans le groupe 3 ci-dessus, c'est-à-dire :

Lorsqu'il est accentué, le **o** se change en **ue** au présent de l'indicatif, au présent du subjonctif et à la forme du singulier de l'impératif.

Lorsqu'il n'est pas accentué, le **o** se change en **u** dans les cas suivants :

– la première et la deuxième personne du pluriel du subjonctif présent
– le participe présent
– les troisièmes personnes du singulier et du pluriel du passé simple
– toutes les personnes de l'imparfait du subjonctif

Les verbes les plus courants appartenant à ce groupe sont les suivants :

dormir	dormir	**morir**	mourir

PRESENT	PASSE SIMPLE
duermo	**dormí**
duermes	**dormiste**
duerme	**durmió**
dormimos	**dormimos**
dormís	**dormisteis**
duermen	**durmieron**

PRESENT DU SUBJONCTIF	IMPARFAIT DU SUBJONCTIF
duerma	**durmiera/durmiese**
duermas	**durmieras/durmieses**
duerma	**durmiera/durmiese**
durmamos	**durmiéramos/durmiésemos**
durmáis	**durmierais/durmieseis**
duerman	**durmieran/durmiesen**

IMPERATIF	PARTICIPE PRESENT
duerme	**durmiendo**

E LES TABLEAUX DE CONJUGAISON

Les verbes suivants fournissent les principaux modèles de conjugaison, y compris la conjugaison des verbes irréguliers les plus courants :

Verbes en **-ar**	*(voir le reste de la section 15)*	HABLAR
Verbes en **-er**	*(voir le reste de la section 15)*	COMER
Verbes en **-ir**	*(voir le reste de la section 15)*	VIVIR
Verbes réfléchis	*(voir page 65)*	BAÑARSE
Auxiliaires	*(voir pages 94-8)*	SER
	(voir pages 94-8)	ESTAR
	(voir page 92)	HABER
Verbes irréguliers répandus		DAR
		IR
		TENER
		VENIR

HABLAR parler

	PRESENT	IMPARFAIT	FUTUR
1	hablo	hablaba	hablaré
2	hablas	hablabas	hablarás
3	habla	hablaba	hablará
1	hablamos	hablábamos	hablaremos
2	habláis	hablabais	hablaréis
3	hablan	hablaban	hablarán

	PASSE SIMPLE	PASSE COMPOSE	PLUS-QUE-PARFAIT
1	hablé	he hablado	había hablado
2	hablaste	has hablado	habías hablado
3	habló	ha hablado	había hablado
1	hablamos	hemos hablado	habíamos hablado
2	hablasteis	habéis hablado	habíais hablado
3	hablaron	han hablado	habían hablado

PASSE ANTERIEUR	FUTUR ANTERIEUR
hube hablado, etc	habré hablado, etc.

CONDITIONNEL

	PRESENT	PASSE	IMPERATIF
1	hablaría	habría hablado	
2	hablarías	habrías hablado	(tú) habla
3	hablaría	habría hablado	(Vd) hable
1	hablaríamos	habríamos hablado	(nosotros) hablemos
2	hablaríais	habríais hablado	(vosotros) hablad
3	hablarían	habrían hablado	(Vds) hablen

SUBJONCTIF

	PRESENT	IMPARFAIT	PLUS-QUE-PARFAIT
1	hable	habl-ara/ase	hubiera hablado
2	hables	habl-aras/ases	hubieras hablado
3	hable	habl-ara/ase	hubiera hablado
1	hablemos	habl-áramos/ásemos	hubiéramos hablado
2	habléis	habl-arais/aseis	hubierais hablado
3	hablen	habl-aran/asen	hubieran hablado

PAS. COMP. haya hablado, etc.

INFINITIF	PARTICIPE
PRESENT	**PRESENT**
hablar	hablando
PASSE	**PASSE**
haber hablado	hablado

COMER manger

	PRESENT	IMPARFAIT	FUTUR
1	como	comía	comeré
2	comes	comías	comerás
3	come	comía	comerá
1	comemos	comíamos	comeremos
2	coméis	comíais	comeréis
3	comen	comían	comerán

	PASSE SIMPLE	PASSE COMPOSE	PLUS-QUE-PARFAIT
1	comí	he comido	había comido
2	comiste	has comido	habías comido
3	comío	ha comido	había comido
1	comimos	hemos comido	habíamos comido
2	comisteis	habéis comido	habíais comido
3	comieron	han comido	habían comido

PASSE ANTERIEUR	FUTUR ANTERIEUR
hube comido, etc	habré comido, etc

CONDITIONNEL

	PRESENT	PASSE	*IMPERATIF*
1	comería	habría comido	
2	comerías	habrías comido	(tú) come
3	comería	habría comido	(Vd) coma
1	comeríamos	habríamos comido	(nosotros) comamos
2	comeríais	habríais comido	(vosotros) comed
3	comerían	habrían comido	(Vds) coman

SUBJONCTIF

	PRESENT	IMPARFAIT	PLUS-QUE-PARFAIT
1	coma	com-iera/iese	hubiera comido
2	comas	com-ieras/ieses	hubieras comido
3	coma	com-iera/iese	hubiera comido
1	comamos	com-iéramos/iésemos	hubiéramos comido
2	comáis	com-ierais/ieseis	hubierais comido
3	coman	com-ieran/iesen	hubieran comido

PAS. COMP. haya comido, etc.

INFINITIF	*PARTICIPE*
PRESENT	PRESENT
comer	comiendo
PASSE	PASSE
haber comido	comido

VIVIR vivre

	PRESENT	IMPARFAIT	FUTUR
1	vivo	vivía	viviré
2	vives	vivías	vivirás
3	vive	vivía	vivirá
1	vivimos	vivíamos	viviremos
2	vivís	vivíais	viviréis
3	viven	vivían	vivirán

	PASSE SIMPLE	PASSE COMPOSE	PLUS-QUE-PARFAIT
1	viví	he vivido	había vivido
2	viviste	has vivido	habías vivido
3	vivió	ha vivido	había vivido
1	vivimos	hemos vivido	habíamos vivido
2	vivisteis	habéis vivido	habíais vivido
3	vivieron	han vivido	habían vivido

PASSE ANTERIEUR	FUTUR ANTERIEUR
hube vivido, etc.	habré vivido, etc.

CONDITIONNEL

	PRESENT	PASSE	IMPERATIF
1	viviría	habría vivido	
2	vivirías	habrías vivido	(tú) vive
3	viviría	habría vivido	(Vd) viva
1	viviríamos	habríamos vivido	(nosotros) vivamos
2	viviríais	habríais vivido	(vosotros) vivid
3	vivirían	habrían vivido	(Vds) vivan

SUBJONCTIF

	PRESENT	IMPARFAIT	PLUS-QUE-PARFAIT
1	viva	viv-iera/iese	hubiera vivido
2	vivas	viv-ieras/ieses	hubieras vivido
3	viva	viv-iera/iese	hubiera vivido
1	vivamos	viv-iéramos/iésemos	hubiéramos vivido
2	viváis	viv-ierais/ieseis	hubierais vivido
3	vivan	viv-ieran/iesen	hubieran vivido

PAS. COMP. haya vivido, etc.

INFINITIF	PARTICIPE
PRESENT	**PRESENT**
vivir	viviendo
PASSE	**PASSE**
haber vivido	vivido

BAÑARSE prendre un bain, se baigner

	PRESENT	IMPARFAIT	FUTUR
1	me baño	me bañaba	me bañaré
2	te bañas	te bañabas	te bañarás
3	se baña	se bañaba	se bañará
1	nos bañamos	nos bañábamos	nos bañaremos
2	os bañáis	os bañabais	os bañaréis
3	se bañan	se bañaban	se bañarán

	PASSE SIMPLE	PASSE COMPOSE	PLUS-QUE-PARFAIT
1	me bañé	me he bañado	me había bañado
2	te bañaste	te has bañado	te habías bañado
3	se bañó	se ha bañado	se había bañado
1	nos bañamos	nos hemos bañado	nos habíamos bañado
2	os bañasteis	os habéis bañado	os habíais bañado
3	se bañaron	se han bañado	se habían bañado

PASSE ANTERIEUR

me hube bañado, etc.

FUTUR ANTERIEUR

me habré bañado, etc.

CONDITIONNEL

	PRESENT	PASSE	IMPERATIF
1	me bañaría	me habría bañado	
2	te bañarías	te habrías bañado	(tú) báñate
3	se bañaría	se habría bañado	(Vd) báñese
1	nos bañaríamos	nos habríamos bañado	(nosotros) bañámonos
2	os bañaríais	os habríais bañado	(vosotros) bañaos
3	se bañarían	se habrían bañado	(Vds) báñense

SUBJONCTIF

	PRESENT	IMPARFAIT	PLUS-QUE-PARFAIT
1	me bañe	me bañ-ara/ase	me hubiera bañado
2	te bañes	te bañ-aras/ases	te hubieras bañado
3	se bañe	se bañ-ara/ase	se hubiera bañado
1	nos bañemos	nos bañ-áramos/ásemos	nos hubiéramos bañado
2	os bañéis	os bañ-arais/aseis	os hubierais bañado
3	se bañen	se bañ-aran/asen	se hubieran bañado

PAS. COMP. me haya bañado, etc.

INFINITIF	PARTICIPE
PRESENT	**PRESENT**
bañarse	bañándose
PASSE	**PASSE**
haberse bañado	bañado

SER être

	PRESENT	IMPARFAIT	FUTUR
1	soy	era	seré
2	eres	eras	serás
3	es	era	será
1	somos	éramos	seremos
2	sois	erais	seréis
3	son	eran	serán

	PASSE SIMPLE	PASSE COMPOSE	PLUS-QUE-PARFAIT
1	fui	he sido	había sido
2	fuiste	has sido	habías sido
3	fue	ha sido	había sido
1	fuimos	hemos sido	habíamos sido
2	fuisteis	habéis sido	habíais sido
3	fueron	han sido	habían sido

PASSE ANTERIEUR

hube sido, etc.

FUTUR ANTERIEUR

habré sido, etc.

CONDITIONNEL

	PRESENT	PASSE	IMPERATIF
1	sería	habría sido	
2	serías	habrías sido	(tú) sé
3	sería	habría sido	(Vd) sea
1	seríamos	habríamos sido	(nosotros) seamos
2	seríais	habríais sido	(vosotros) sed
3	serían	habrían sido	(Vds) sean

SUBJONCTIF

	PRESENT	IMPARFAIT	PLUS-QUE-PARFAIT
1	sea	fu-era/ese	hubiera sido
2	seas	fu-eras/eses	hubieras sido
3	sea	fu-era/ese	hubiera sido
1	seamos	fu-éramos/ésemos	hubiéramos sido
2	seáis	fu-erais/eseis	hubierais sido
3	sean	fu-eran/esen	hubieran sido

PAS. COMP. haya sido, etc.

INFINITIF	PARTICIPE
PRESENT	**PRESENT**
ser	siendo
PASSE	**PASSE**
haber sido	sido

ESTAR être

	PRESENT	IMPARFAIT	FUTUR
1	estoy	estaba	estaré
2	estás	estabas	estarás
3	está	estaba	estará
1	estamos	estábamos	estaremos
2	estáis	estabais	estaréis
3	están	estaban	estarán

	PASSE SIMPLE	PASSE COMPOSE	PLUS-QUE-PARFAIT
1	estuve	he estado	había estado
2	estuviste	has estado	habías estado
3	estuvo	ha estado	había estado
1	estuvimos	hemos estado	habíamos estado
2	estuvisteis	habéis estado	habíais estado
3	estuvieron	han estado	habían estado

PASSE ANTERIEUR	FUTUR ANTERIEUR
hube estado, etc.	habré estado, etc.

CONDITIONNEL

	PRESENT	PASSE	IMPERATIF
1	estaría	habría estado	
2	estarías	habrías estado	(tú) está
3	estaría	habría estado	(Vd) esté
1	estaríamos	habríamos estado	(nosotros) estemos
2	estaríais	habríais estado	(vosotros) estad
3	estarían	habrían estado	(Vds) estén

SUBJONCTIF

	PRESENT	IMPARFAIT	PLUS-QUE-PARFAIT
1	esté	estuv-iera/iese	hubiera estado
2	estés	estuv-ieras/ieses	hubieras estado
3	esté	estuv-iera/iese	hubiera estado
1	estemos	estuv-iéramos/iésemos	hubiéramos estado
2	estéis	estuv-ierais/ieseis	hubierais estado
3	estén	estuv-ieran/iesen	hubieran estado

PAS. COMP. haya estado, etc.

INFINITIF	PARTICIPE
PRESENT	**PRESENT**
estar	estando
PASSE	**PASSE**
haber estado	estado

HABER avoir (auxiliaire)

	PRESENT	IMPARFAIT	FUTUR
1	he	había	habré
2	has	habías	habrás
3	ha/hay*	había	habrá
1	hemos	habíamos	habremos
2	habéis	habíais	habréis
3	han	habían	habrán

	PASSE SIMPLE	PASSE COMPOSE	PLUS-QUE-PARFAIT
1	hube		
2	hubiste		
3	hubo	ha habido	había habido
1	hubimos		
2	hubisteis		
3	hubieron		

PASSE ANTERIEUR	FUTUR ANTERIEUR
hubo habido, etc.	habrá habido, etc

CONDITIONNEL   IMPERATIF

	PRESENT	PASSE
1	habría	
2	habrías	
3	habría	habría habido
1	habríamos	
2	habríais	
3	habrían	

SUBJONCTIF

	PRESENT	IMPARFAIT	PLUS-QUE-PARFAIT
1	haya	hub-iera/iese	
2	hayas	hub-ieras/ieses	
3	haya	hub-iera/iese	hubiera habido
1	hayamos	hub-iéramos/iésemos	
2	hayáis	hub-ierais/ieseis	
3	hayan	hub-ieran/iesen	

PAS. COMP. haya habido, etc

INFINITIF	PARTICIPE	N.B. Ce verbe est un auxiliaire
PRESENT	PRESENT	utilisé pour former les temps composés ; par exemple, **he bebido** : j'ai bu. Voir aussi TENER.
haber	habiendo	
PASSE	PASSE	*'hay' signifie 'il y a'.
haber habido	habido	

DAR donner

	PRESENT	IMPARFAIT	FUTUR
1	doy	daba	daré
2	das	dabas	darás
3	da	daba	dará
1	damos	dábamos	daremos
2	dais	dabais	daréis
3	dan	daban	darán

	PASSE SIMPLE	PASSE COMPOSE	PLUS-QUE-PARFAIT
1	di	he dado	había dado
2	diste	has dado	habías dado
3	dio	ha dado	había dado
1	dimos	hemos dado	habíamos dado
2	disteis	habéis dado	habíais dado
3	dieron	han dado	habían dado

PASSE ANTERIEUR

hube dado, etc.

FUTUR ANTERIEUR

habré dado, etc.

CONDITIONNEL

	PRESENT	PASSE	IMPERATIF
1	daría	habría dado	
2	darías	habrías dado	(tú) da
3	daría	habría dado	(Vd) dé
1	daríamos	habríamos dado	(nosotros) demos
2	daríais	habríais dado	(vosotros) dad
3	darían	habrían dado	(Vds) den

SUBJONCTIF

	PRESENT	IMPARFAIT	PLUS-QUE-PARFAIT
1	dé	di-era/ese	hubiera dado
2	des	di-eras/eses	hubieras dado
3	dé	di-era/ese	hubiera dado
1	demos	di-éramos/ésemos	hubiéramos dado
2	deis	di-erais/eseis	hubierais dado
3	den	di-eran/esen	hubieran dado

PAS. COMP. haya dado, etc.

INFINITIF	PARTICIPE
PRESENT	**PRESENT**
dar	dando
PASSE	**PASSE**
haber dado	dado

IR aller

	PRESENT	IMPARFAIT	FUTUR
1	voy	iba	iré
2	vas	ibas	irás
3	va	iba	irá
1	vamos	íbamos	iremos
2	vais	ibais	iréis
3	van	iban	irán

	PASSE SIMPLE	PASSE COMPOSE	PLUS-QUE-PARFAIT
1	fui	he ido	había ido
2	fuiste	has ido	habías ido
3	fue	ha ido	había ido
1	fuimos	hemos ido	habíamos ido
2	fuisteis	habéis ido	habíais ido
3	fueron	han ido	habían ido

PASSE ANTERIEUR

hube ido, etc.

FUTUR ANTERIEUR

habré ido, etc.

CONDITIONNEL

	PRESENT	PASSE	IMPERATIF
1	iría	habría ido	
2	irías	habrías ido	(tú) ve
3	iría	habría ido	(Vd) vaya
1	iríamos	habríamos ido	(nosotros) vamos
2	iríais	habríais ido	(vosotros) id
3	irían	habrían ido	(Vds) vayan

SUBJONCTIF

	PRESENT	IMPARFAIT	PLUS-QUE-PARFAIT
1	vaya	fu-era/ese	hubiera ido
2	vayas	fu-eras/eses	hubieras ido
3	vaya	fu-era/ese	hubiera ido
1	vayamos	fu-éramos/ésemos	hubiéramos ido
2	vayáis	fu-erais/eseis	hubierais ido
3	vayan	fu-eran/esen	hubieran ido

PAS. COMP. haya ido, etc.

INFINITIF	PARTICIPE
PRESENT	**PRESENT**
ir	yendo
PASSE	**PASSE**
haber ido	ido

TENER avoir

	PRESENT	IMPARFAIT	FUTUR
1	tengo	tenía	tendré
2	tienes	tenías	tendrás
3	tiene	tenía	tendrá
1	tenemos	teníamos	tendremos
2	tenéis	teníais	tendréis
3	tienen	tenían	tendrán

	PASSE SIMPLE	PASSE COMPOSE	PLUS-QUE-PARFAIT
1	tuve	he tenido	había tenido
2	tuviste	has tenido	habías tenido
3	tuvo	ha tenido	había tenido
1	tuvimos	hemos tenido	habíamos tenido
2	tuvisteis	habéis tenido	habíais tenido
3	tuvieron	han tenido	habían tenido

PASSE ANTERIEUR	FUTUR ANTERIEUR
hube tenido, etc.	habré tenido, etc.

CONDITIONNEL

	PRESENT	PASSE	IMPERATIF
1	tendría	habría tenido	
2	tendrías	habrías tenido	(tú) ten
3	tendría	habría tenido	(Vd) tenga
1	tendríamos	habríamos tenido	(nosotros) tengamos
2	tendríais	habríais tenido	(vosotros) tened
3	tendrían	habrían tenido	(Vds) tengan

SUBJONCTIF

	PRESENT	IMPARFAIT	PLUS-QUE-PARFAIT
1	tenga	tuv-iera/iese	hubiera tenido
2	tengas	tuv-ieras/ieses	hubieras tenido
3	tenga	tuv-iera/iese	hubiera tenido
1	tengamos	tuv-iéramos/iésemos	hubiéramos tenido
2	tengáis	tuv-ierais/ieseis	hubierais tenido
3	tengan	tuv-ieran/iesen	hubieran tenido

PAS. COMP. haya tenido, etc.

INFINITIF	PARTICIPE
PRESENT	**PRESENT**
tener	teniendo
PASSE	**PASSE**
haber tenido	tenido

VENIR venir

	PRESENT	IMPARFAIT	FUTUR
1	vengo	venía	vendré
2	vienes	venías	vendrás
3	viene	venía	vendrá
1	venimos	veníamos	vendremos
2	venís	veníais	vendréis
3	vienen	venían	vendrán

	PASSE SIMPLE	PASSE COMPOSE	PLUS-QUE-PARFAIT
1	vine	he venido	había venido
2	viniste	has venido	habías venido
3	vino	ha venido	había venido
1	vinimos	hemos venido	habíamos venido
2	vinisteis	habéis venido	habíais venido
3	vinieron	han venido	habían venido

PASSE ANTERIEUR	FUTUR ANTERIEUR
hube venido, etc.	habré venido, etc.

CONDITIONNEL

	PRESENT	PASSE	IMPERATIF
1	vendría	habría venido	
2	vendrías	habrías venido	(tú) ven
3	vendría	habría venido	(Vd) venga
1	vendríamos	habríamos venido	(nosotros) vengamos
2	vendríais	habríais venido	(vosotros) venid
3	vendrían	habrían venido	(Vds) vengan

SUBJONCTIF

	PRESENT	IMPARFAIT	PLUS-QUE-PARFAIT
1	venga	vin-iera/iese	hubiera venido
2	vengas	vin-ieras/ieses	hubieras venido
3	venga	vin-iera/iese	hubiera venido
1	vengamos	vin-iéramos/iésemos	hubiéramos venido
2	vengáis	vin-ierais/ieseis	hubierais venido
3	vengan	vin-ieran/iesen	hubieran venido

PAS. COMP. haya venido, etc.

INFINITIF	PARTICIPE
PRESENT	**PRESENT**
venir	viniendo
PASSE	**PASSE**
haber venido	venido

16 Les Verbes et leurs Compléments d'Objet

Un certain nombre de verbes en espagnol ne peuvent pas être employés sans une préposition spécifique si leur complément d'objet est énoncé.

1 Les verbes qui prennent *a* devant un complément d'objet

acercarse a	approcher, s'approcher de
aproximarse a	approcher, s'approcher de
asistir a	assister à
asomarse a	se pencher par (la fenêtre)
dar a	donner sur
faltar a	manquer à
jugar a	jouer à
llegar a	arriver à
oler a	sentir (avoir l'odeur de)
oponerse a	s'opposer à
parecerse a	ressembler à
renunciar a	renoncer à
resistir a	résister à
saber a	avoir goût de
sobrevivir a	survivre à (quelqu'un)

faltó a su promesa
il/elle a manqué à sa promesse

la ventana de mi cuarto daba a un matadero
la fenêtre de ma chambre donnait sur un abattoir

la pequeña se parece a su padre
la petite fille ressemble à son père

2 Les verbes qui prennent *de* devant un complément d'objet

abusar de	abuser de
acordarse de	se souvenir de
apoderarse de	s'emparer de
asombrarse de	s'étonner de
burlarse de	se moquer de
cambiar de	changer de
carecer de	manquer de
compadecerse de	avoir pitié de
depender de	dépendre de
desconfiar de	se méfier de
despedirse de	prendre congé de
disfrutar de	jouir de
dudar de	doubter de
enamorarse de	tomber amoureux de
enterarse de	s'informer de
gozar de	jouir de
maravillarse de	s'étonner de
mudar de	changer de
ocuparse de	s'occuper de
olvidarse de	oublier
pasar de	dépasser, se ficher de
prescindir de	se passer de
reírse de	rire de, se moquer de
responder de	répondre de
saber de	connaître
salir de	quitter
servirse de	se servir de
sospechar de	soupçonner (quelqu'un)
tirar de	tirer
tratarse de	s'agir de
variar de	changer de
vengarse de	se venger de

se trata de mi primo
il s'agit de mon cousin

afortunadamente gozamos de buena salud
heureusement, nous jouissons d'une bonne santé

dudar peut être utilisé avec le complément d'objet direct **lo** dans des cas comme :

lo dudo	**no lo dude Vd.**
j'en doute	n'en doutez pas/croyez-moi

Sinon, il prend **de** :

dudo de su testimonio
je doute de son témoignage

3 Les verbes qui prennent *con* devant un complément d'objet

acabar con	en finir avec
casarse con	se marier avec
contar con	compter sur
dar con	rencontrer
divertirse con	s'amuser de
encontrarse con	rencontrer
hablar con	parler à
portarse con	se conduire envers
soñar con	rêver de

¡acabemos con estas mentiras!
finissons-en avec ces mensonges !

cuento contigo
je compte sur toi

4 Les verbes qui prennent *en* devant un complément d'objet

consentir en	consentir à
consistir en	consister en, à
convenir en	convenir de
entrar en	entrer dans/rentrer dans
fijarse en	regarder
ingresar en	entrer dans/entrer à
penetrar en	pénétrer dans
*pensar en	penser à
reparar en	remarquer

consintió en ello
il/elle y a consenti

¡fíjate en aquel edificio!
regarde-moi ce bâtiment !

* ne confondez pas **pensar en** et **pensar de** qui signifie "avoir une opinion sur" :

pensaba en sus vacaciones en España
il/elle pensait à ses vacances en Espagne

¿qué piensas de esta idea?
qu'est-ce que tu penses de cette idée ?

5 Les verbes qui prennent *por* devant un complément d'objet

asomarse por	se pencher par
felicitar por	féliciter pour
interesarse por	s'intéresser à
preguntar por	prendre des nouvelles de

el cura preguntó por mi tía que está enferma
le curé a pris des nouvelles de ma tante qui est malade

17 Les Verbes Suivis d'un Infinitif

Un verbe en espagnol peut être suivi soit directement d'un infinitif, soit d'une préposition + infinitif. Remarquez que la préposition employée en espagnol n'est pas forcément celle qu'on emploie avec le verbe correspondant en français.

1 Les verbes immédiatement suivis de l'infinitif

a) *Les verbes exprimant un conseil, un ordre, la prévention et la permission*

aconsejar	conseiller de
amenazar	menacer de
conceder	consentir à
dejar	laisser/permettre de
hacer	faire + *inf.*
impedir	empêcher de
mandar	ordonner de, donner l'ordre de
ordenar	ordonner de
permitir	permettre de
prohibir	défendre de, interdire de

mis padres no me dejan poner la radio después de medianoche
mes parents ne me permettent pas de mettre la radio après minuit

me mandó salir
il/elle m'a ordonné de partir

b) *Les verbes se rapportant aux sens :* **sentir**, **ver** *et* **oír**

oír	entendre
sentir	sentir
ver	voir

no te vi llegar   **le oí roncar**
je ne t'ai pas vu(e) rentrer   je l'ai entendu ronfler

c) *Les verbes impersonnels, lorsque le verbe utilisé à l'infinitif est le sujet du verbe impersonnel*

alegrar	**me alegra verte de nuevo** je suis heureux de te revoir
gustar	**nos gusta mucho pasear en el campo** nous aimons beaucoup nous promener dans la campagne
hacer falta	**te hace falta estudiar** tu as besoin de travailler
olvidarse	**se me olvidó ir al banco** j'ai oublié d'aller à la banque
parecer	**¿te parece bien salir ahora?** est-ce que tu penses que c'est une bonne idée de sortir maintenant ?
convenir	**no me conviene salir mañana** ça ne me convient pas de partir demain

d) *Après les verbes suivants, lorsque le sujet est le même que celui du verbe à l'infinitif*

acordar	se mettre d'accord pour
ansiar	désirer ardemment
concertar	convenir de
confesar	confesser
conseguir	parvenir à
creer	croire
deber	devoir
decidir	décider de
decir	dire, raconter
descuidar	négliger de
desear	souhaiter, vouloir
esperar	espérer/s'attendre à
evitar	éviter de
figurarse	supposer/imaginer
fingir	faire semblant de
imaginar	imaginer
intentar	essayer de
lograr	parvenir à
merecer	mériter
necesitar	nécessiter/requérir
negar	nier
ofrecer	offrir de

olvidar	oublier de
osar	oser
parecer	paraître, sembler
pedir	demander
pensar	compter
poder	pouvoir
preferir	préférer
presumir	présumer
pretender	chercher à
procurar	essayer de
prometer	promettre de
querer	souhaiter
recordar	se souvenir de
resolver	résoudre de
resultar	s'avérer
saber	savoir (comment)
sentir	regretter de
soler	avoir l'habitude de
temer	craindre de

debemos pagar la cuenta ahora
nous devons payer l'addition maintenant

nuestro equipo consiguió ganar el partido
notre équipe est parvenue à gagner le match

el niño resultó ser el hijo del rey
il s'est trouvé que le petit garçon était le fils du roi

solemos merendar en el bosque los domingos
nous allons généralement faire un pique-nique dans les bois le dimanche

2 Les verbes suivis par *a* + infinitif

Les verbes ci-dessous sont suivis de la préposition **a** + l'infinitif. Dans la plupart des cas l'idée de **afin de** est sous-entendue.

a) *Les verbes de mouvement*

acercarse a	s'approcher pour
acudir a	venir/aller (pour)
adelantarse a	s'avancer pour
andar a	aller
apresurarse a	s'empresser de
bajar a	descendre (pour)
correr a	courir (pour)

dirigirse...a	se diriger...pour
entrar a	entrer pour
enviar a	envoyer
ir a	aller (pour)
lanzarse a	se lancer, se précipiter pour
mandar a	envoyer
precipitarse a	se précipiter pour
salir a	sortir (pour)
sentarse a	s'asseoir pour
subir a	monter (pour)
traer a	emmener (pour)
venir a	venir (pour)
volver a	faire...à nouveau

el mecánico se acercó a hablar conmigo
le mécanicien s'est avancé pour me parler

la chica se apresuró a hacer las camas
la bonne s'est précipitée pour faire les lits

el jefe mandó al chico a recoger las cartas
le patron a envoyé le garçon chercher le courrier

volveré a llamarte mañana
je te rappellerai demain

b) *Les verbes exprimant l'idée de forcer, obliger ou inviter quelqu'un à faire quelque chose*

animar a	encourager à
conducir a	conduire à
convidar a	inviter à
empujar a	pousser à
excitar a	pousser à
exhortar a	exhorter à
forzar a	forcer à
impulsar a	pousser à
incitar a	inciter à
inducir a	amener à
invitar a	inviter à
llamar a	appeler à
llevar a	amener/conduire à
obligar a	obliger à
persuadir a	persuader de

animaron a la niña a montar al caballo
ils/elles ont encouragé la petite fille à monter sur le cheval

el dueño forzó al camarero a limpiar los platos
le propriétaire a obligé le serveur à laver les assiettes

me invitó a pasar el fin de semana
il/elle m'a invité à venir passer le week-end

c) *Les verbes exprimant l'idée de commencement*

comenzar a	commencer à
echarse a	se mettre à
empezar a	commencer à
ponerse a	se mettre à
romper a	se mettre à

el bebé se echó a llorar
le bébé s'est mis à pleurer

todos los alumnos se pusieron a trabajar
tous les élèves se sont mis au travail

d) *Les verbes employés à la forme réfléchie pour exprimer l'idée de décider ou de refuser*

decidirse a	décider de
negarse a	refuser de
resolverse a	résoudre de

el niño se negó a comer
le petit garçon a refusé de manger

e) *Les verbes suivants*

acostumbrarse a	s'habituer à
aguardar a	attendre (pour)
alcanzar a	parvenir à
aprender a	apprendre à
arriesgarse a	se risquer à
aspirar a	aspirer à
atreverse a	oser
autorizar a	autoriser à
aventurarse a	s'aventurer à
ayudar a	aider à
comprometerse a	s'engager à
condenar a	condamner à
contribuir a	contribuer à
dedicarse a	se consacrer à
detenerse a	s'arrêter pour
disponerse a	se disposer à

enseñar a	apprendre à
entregarse a	se livrer à, s'adonner à
exponerse a	s'exposer à
habituarse a	s'habituer à
limitarse a	se limiter à, se borner à
ofrecerse a	s'offrir pour
oponerse a	s'opposer à
prepararse a	se préparer à
pararse a	s'arrêter pour
quedarse a	rester (pour)
renunciar a	renoncer à
resignarse a	se résigner à
tender a	tendre à, avoir tendance à

los chicos no se arriesgaron a cruzar el río
les garçons n'ont pas osé traverser la rivière

me enseñó a nadar
il/elle m'a appris à nager

se detuvo a hablar conmigo
il/elle s'est arrêté(e) pour me parler

3 Les verbes suivis par *de* + infinitif

a) *Les verbes indiquant l'arrêt ou l'interruption d'une action*

abstenerse de	s'abstenir de
acabar de	venir de
cansarse de	se lasser de
cesar de	cesser de
dejar de	cesser de
desistir de	renoncer à
disuadir de	dissuader de
excusar de	exempter de
fatigarse de	se lasser de
guardarse de	prendre garde de ne pas
hartarse de	se lasser de
librarse de	éviter de
parar de	arrêter de
saciarse de	se lasser de
terminar de	finir de

Lorsque **dejar de** est employé à la forme négative, il exprime l'idée de "ne pas manquer de" :

no dejes de devolverme los discos la semana que viene
rends-moi les disques la semaine prochaine sans faute

b) Egalement les verbes suivants

acordarse de	se souvenir de
acusar de	accuser de
alegrarse de	se réjouir de
arrepentirse de	se repentir de
avergonzarse de	avoir honte de
consolarse de	se consoler de
cuidar de	faire attention de
desconfiar de	se méfier de
desesperar de	(se) désespérer de
dispensar de	exempter de
encargarse de	se charger de
jactarse de	se vanter de
maravillarse de	s'émerveiller de
olvidarse de	oublier de
no poder por menos de	ne pas pouvoir s'empêcher de
tratar de	essayer de
tratarse de	s'agir de

yo me encargo de hacer eso
je m'en charge

el joven se olvidó de acudir a la cita
le jeune homme a oublié de se rendre à son rendez-vous

se trata de trabajar más
il s'agit de travailler davantage

no pude por menos de reírme
je n'ai pas pu m'empêcher de rire

4 Les verbes suivis par *en* + infinitif

complacerse en	prendre plaisir à
consentir en	consentir à
consistir en	consister à
convenir en	convenir de
dudar en	hésiter à
empeñarse en	insister pour
entretenerse en	s'amuser à
esforzarse en	s'efforcer de
hacer bien en	faire bien de, avoir raison de
hacer mal en	ne pas bien faire de, avoir tort de
insistir en	insister pour
interesarse en	s'intéresser à
obstinarse en	s'obstiner à
pensar en	penser à

persistir en	persister à
quedar en	convenir de
soñar en	songer à
tardar en	mettre (du temps) à
vacilar en	hésiter à

la niña se esforzaba en convencerme
la petite fille s'efforçait de me convaincre

haces bien en ayudar a tu madre
tu fais bien d'aider ta mère

los amigos quedaron en verse a las ocho
les amis ont convenu de se voir à huit heures

el tren tardó treinta minutos en llegar
le train a mis trente minutes à arriver

5 Les verbes suivis de *con* + infinitif

amenazar con	menacer de
contentarse con	se contenter de
soñar con	rêver de

el hombre de negocios soñaba con ir a Río de Janeiro
l'homme d'affaires rêvait d'aller à Rio

6 Les verbes suivis de *por* + infinitif

a) *Les verbes exprimant l'idée de commencement ou de fin suivis en français de la préposition "par"*

acabar por	finir par
comenzar por	commencer par
empezar por	commencer par

acabó por comprarse el traje azul
elle a fini par acheter le tailleur bleu

b) *Les verbes exprimant l'idée d'avoir envie de, d'essayer de, etc.*

esforzarse por	s'efforcer de
luchar por	se battre pour
morirse por	mourir d'envie de
rabiar por	mourir d'envie de

la niña se moría por abrir los paquetes
la petite fille mourait d'envie d'ouvrir les paquets

18 Les Conjonctions

1 Les conjonctions simples

Les conjonctions simples consistent en un mot seulement. Les plus courantes sont les suivantes :

aunque	bien que
como	comme (raison)
conforme	suivant, selon
conque	alors
cuando	quand
e	et
*mas	mais
mientras	pendant que, tandis que
ni	ni
o	ou
pero	mais
porque	parce que
pues	puisque
que	que, car
según	selon, suivant
si	si
sino	mais
siquiera	même (si)
u	ou
y	et

*mas est de nos jours réservé à un niveau de langue soutenu, le mot courant signifiant "mais" étant **pero**.

me fui al cine porque creía que ya no venías
je suis allé(e) au cinéma parce que je croyais que tu ne viendrais pas

sabremos pronto si hemos ganado el premio
nous saurons bientôt si nous avons gagné le prix

se puso triste cuando se murió su perro
il/elle est devenu(e) triste lorsque son chien est mort

no grites tanto, que ya te oigo
ne crie pas autant, je ne suis pas sourd(e)

2 Les conjonctions composées

Ces conjonctions consistent en deux mots ou plus, le dernier étant généralement **que** :

a condición de que	à condition que
a fin de que	afin que
a medida que	à mesure que
a menos que	à moins que
a no ser que	à moins que
antes de que	avant que
a pesar de que	bien que
así que	de sorte que
con tal (de) que	pourvu que, à condition que
de manera que	de sorte que
de modo que	de sorte que
desde que	depuis que
después de que	après que
en caso de que	au cas où
hasta que	jusqu'à ce que
luego que	dès que
mientras que	tandis que, alors que (opposition)
para que	pour que
por lo que	pour cette raison
por si	au cas où
puesto que	puisque
salvo que	sauf que, si ce n'est que
siempre que	chaque fois que/du moment que, pourvu que
tan pronto como	aussitôt que
ya que	puisque

vamos a preparar la comida por si vienen pronto
préparons le repas au cas où ils/elles viendraient tôt

los niños jugaban mientras su madre se ocupaba de la casa
les enfants jouaient pendant que leur mère s'occupait de la maison

llevo el paraguas por si llueve
je vais prendre mon parapluie au cas où il pleuvrait

3 Les conjonctions de coordination

Les conjonctions de coordination marchent par paires et sont
employées pour relier deux idées étroitement associées :

apenas . . . (cuando)	à peine . . . que
bien . . . bien	soit . . . soit/ou . . . ou
o . . . o	soit . . . soit/ou . . . ou
o bien . . . o bien	soit . . . soit/ou . . . ou
ni . . . ni	ni . . . ni
no sólo . . . sino también	non seulement . . . mais aussi
ya . . . ya	quelquefois . . . quelquefois
tanto . . . como	tant . . . que
no . . . sino	non pas . . . mais
no . . . pero sí	ne . . . pas . . . mais

ni los sindicatos ni los empresarios están contentos
ni les syndicats, ni les employeurs ne sont contents

tanto tú como yo
toi comme moi

19 Les Nombres

1 LES NOMBRES CARDINAUX

0	cero	10	diez
1	uno, una	11	once
2	dos	12	doce
3	tres	13	trece
4	cuatro	14	catorce
5	cinco	15	quince
6	seis	16	dieciséis
7	siete	17	diecisiete
8	ocho	18	dieciocho
9	nueve	19	diecinueve

20	veinte	21	veintiuno
22	veintidós	23	veintitrés
24	veinticuatro	25	veinticinco
26	veintiséis	27	veintisiete
28	veintiocho	29	veintinueve

30	treinta	31	treinta y uno/una
40	cuarenta	42	cuarenta y dos
50	cincuenta	53	cincuenta y tres
60	sesenta	64	sesenta y cuatro
70	setenta	75	setenta y cinco
80	ochenta	86	ochenta y seis
90	noventa	97	noventa y siete

100	ciento	101	ciento uno/una
105	ciento cinco	115	ciento quince
120	ciento veinte	123	ciento veintitrés
150	ciento cincuenta	176	ciento setenta y seis
200	doscientos/as	202	doscientos dos
300	trescientos/as	317	trescientos diecisiete
400	cuatrocientos/as	428	cuatrocientos veintiocho
500	quinientos/as	539	quinientos treinta y nueve
600	seiscientos/as	645	seiscientos cuarenta y cinco
700	setecientos/as	754	setecientos cincuenta y cuatro
800	ochocientos/as	863	ochocientos sesenta y tres
900	novecientos/as	971	novecientos setenta y uno/una

1000	**mil**	2000	**dos mil**
3000	**tres mil**	4000	**cuatro mil**
5000	**cinco mil**	6000	**seis mil**
7000	**siete mil**	8000	**ocho mil**
9000	**nueve mil**	10000	**diez mil**

200 000	**doscientos mil**
300 000	**trescientos mil**
600 000	**seiscientos mil**

1 000 000	**un millón**
2 000 000	**dos millones**

a) *Autres formes*

Il existe d'autres formes pour les nombres de 16 à 19; celles-ci s'écrivent en trois mots distincts :

diez y seis, diez y siete, etc.

b) *L'apocope de certains nombres*

uno devient **un** lorsqu'il est suivi d'un nom masculin ou d'un adjectif + nom masculin :

treinta y un meses   **doscientos un días**
trente et un mois   deux cent un jours

ciento devient **cien** lorsqu'il est suivi par (1) un nom, (2) un adjectif + un nom, (3) le numéral **mil**:

cien panes   **cien mil hojas**
cent pains   cent mille feuilles

cien millones de pesetas   **cien buenos días**
cent millions de pesetas   cent bons jours

c) *Les accords*

Les nombres cardinaux sont invariables sauf les centaines à partir de 100 et les nombres se terminant par **-uno** :

doscientas personas   **quinientas cincuenta pesetas**
deux cents personnes   cinq cent cinquante pesetas

veintiuna páginas   **ciento una cosas**
vingt et une pages   cent une choses

Remarquez que les nombres cardinaux qui se terminent par **uno** ne s'accordent qu'en genre.

d) *Les accents*

Des accents écrits sont nécessaires pour certaines des vingtaines :

22 **veintidós**	23 **veintitrés**	26 **veintiséis**

également :

veintiún años	vingt et un ans
et : **dieciséis**	16

e) On arrête de compter par centaines à 900 :

1966	**mil novecientos sesenta y seis** dix-neuf cent soixante-six
1200 pesetas	**mil doscientas pesetas** douze cents pesetas

2 LES NOMBRES ORDINAUX

primero	premier	**sexto**	sixième
segundo	second	**séptimo**	septième
tercero	troisième	**octavo**	huitième
cuarto	quatrième	**noveno**	neuvième
quinto	cinquième	**décimo**	dixième

a) Les nombres ordinaux sont des adjectifs et, en tant que tels, s'accordent avec les noms auxquels ils se rapportent, comme en français :

la segunda casa	**la séptima semana**
la deuxième maison	la septième semaine

b) **primero** et **tercero** deviennent **primer** et **tercer** avant un nom masculin singulier :

el primer tren	**el tercer coche**
le premier train	le troisième wagon

c) les nombres ordinaux au delà du dixième sont rarement employés. On emploie alors les nombres cardinaux :

el siglo once	**Luis XIV - Luis catorce**
le onzième siècle	Louis XIV

20 Les Jours, les Mois et les Saisons

Les jours de la semaine

el lunes	lundi
el martes	mardi
el miércoles	mercredi
el jueves	jeudi
el viernes	vendredi
el sábado	samedi
el domingo	dimanche

Les mois

enero	janvier
febrero	février
marzo	mars
abril	avril
mayo	mai
junio	juin
julio	juillet
agosto	août
se(p)tiembre	septembre
octubre	octobre
noviembre	novembre
diciembre	décembre

Les saisons

la primavera	printemps
el verano	été
el otoño	automne
el invierno	hiver

Index